U0934700

管理赋能的秘密

单天佶◎编著

吉林出版集团股份有限公司

图书在版编目（CIP）数据

管理赋能的秘密 / 单天佶编著 . -- 长春 : 吉林出版集团股份有限公司 , 2024. 9. -- ISBN 978-7-5731-5873-4

Ⅰ . G78

中国国家版本馆 CIP 数据核字第 2024EF3592 号

GUANLI FU NENG DE MIMI

管理赋能的秘密

编　　著：单天佶
出版策划：崔文辉
责任编辑：杨　蕊
出　　版：吉林出版集团股份有限公司
（长春市福祉大路 5788 号，邮政编码：130118）
发　　行：吉林出版集团译文图书经营有限公司
（http: //shop34896900.taobao.com）
电　　话：总编办 0431-81629909　营销部 0431-81629880 / 81629900
印　　刷：天津海德伟业印务有限公司
开　　本：640mm × 910mm　1/16
印　　张：10
字　　数：130 千字
版　　次：2024 年 9 月第 1 版
印　　次：2024 年 9 月第 1 次印刷
书　　号：ISBN 978-7-5731-5873-4
定　　价：59.00 元

前言

纷繁复杂的市场竞争中，一个拥有创新能力和适应能力的精英团队至关重要，在现今这个商品、技术等更新迭代极速加快的时代更是如此。曾经由上层管理者全权指挥，自上而下的企业管理模式显然已经无法满足如今的市场需求，正所谓“有余于心，而力有所不逮”，再优秀的个人能力在复杂的大环境面前也有所不足。而本书想要起到的作用就是帮助管理者了解如何创建一个新时代团队，以及所需要的一些方式方法。

伟大的企业从不依赖个人，它并非由一个人搭建构造，那种自上而下、指挥操控式的企业管理方式更无法创造出具有竞争力的产品。一个企业若想拥有长足的发展，必须要打破藩篱，将企业各个部门融为一体，创造出一个拥有自主驱动力和协作能力的创新型团队。而想要创建这样一个团队则需要企业拥有全新的协作模式和沟通方式。如今，网络发达、沟通迅捷，团队密切沟通、互帮互助已然成为主流，而想要激发团队沟通有无，合作创新的氛围就离不开两个字——赋能。

何为赋能？赋能最初脱胎于管理学中的“empower”一词，也就是授权。其后多与授权一词连用，谓之授权赋能，意主张给予组织其他成员更多的额外权力，通过分权使组织成员拥有自主性。简单来说就是授予员工更多的权力，让员工有自主做事的可能性和空间，企业领导者和员工协同管理企业。所以，想要创建一个拥有创造力和环境适应力的团队，管理者就要下放权力，尝试改变企业的管理方式，在组织中“去结构化”，在决策领导中“去中心化”。实施“分权化”管理模式，让企业员工拥有自由发挥和平等沟通的空间。

企业领导将权力放权、授权于员工，能够让组织更好地应对具有不确定性的市场环境，在面对各种突如其来的变化时，使企业更灵活地适应环境，规避风险，并且能够帮助员工激发活力，提高工作效率并建立起互信协作的和谐团队氛围。也只有这样，行动高效、协同工作的团队才能够产生伟大的创新，赢得残酷的市场竞争。而领导者也可以改变自己事事操心的管理模式，可以更多地从大局方面帮助企业团队进行思考，可以说“赋能授权”的管理模式百利而无一害。

因此，不管你处于什么领域，不管你是什么层级的企业管理者，都可以阅读一下本书的内容，尝试着去深入了解“赋能”的本质，帮助企业进行改变，让你的团队协同合作，赢得市场，赢得先机。

目录

第四章　精准赋能授权，释放权力

第五章　环境赋能，建立优秀团队

第六章　人事赋能，让员工自由成长

别低估赋能的力量

若企业未能持续进行创新，将渐渐失去市场竞争力，甚至被市场淘汰。现代企业需要采用综合各家之长的优秀管理方法，摒弃陈旧僵化的管理理论和方式，因为它们难以适应时代需求。管理赋能则有助于企业改善系统、优化流程和加强薄弱环节，使整个资源系统更高效。此外，管理赋能还有助于不断挖掘创新潜力，从而获得企业核心竞争力。

传统管理思维无法打破管理半径

自从有了人类就有了管理活动，而形成一套比较完整的管理理论则经历了漫长的历史发展过程。管理理论的形成和发展是管理实践活动的经验概括和理论总结。人们对政治、经济、文化等管理实践活动进行研究和探索，经过长期的积累和总结，逐渐形成管理思想。

事实上，人性告诉我们：没有任何人能够完全被管理，人只能自己管理自己。

宝洁公司前总裁史旺生说过，自己管理、自己运作，只会使下属窒息，而无法使下属做能做的事。

“你们对喝咖啡的时间和对这间漂亮的下属休息室的使用有何规定？”一家商业杂志的编辑询问带他参观新办公室的公司总经理。整个楼层没有隔间，所有的办公室都是开放的，只是用盆景、可移动的壁板、书架、柜子之类的东西加以隔开。这就是当时所谓的“办公室景观”的新观念，这名杂志编辑想对此加以报道。

“我们没有任何固定的喝咖啡时间，下属可以随时到休息室舒展筋骨。”总经理如此解释，休息室像其他办公室一样，包括主管人员的办公室，也是开放的空间——经过的人可以看得清清楚楚。“唯一的规定就是，不能在工作地方吃东西和喝饮料。我们自豪于这些整片的地毯和其他装潢，舍不得弄脏。”

“完全没有规定？”编辑惊讶地问，“那如何防止权力滥用？职工想偷懒就偷懒？”

“我们不防止权力滥用，”总经理说，“下属自行防止。‘舆论’和与生俱来的自尊，使每个下属都想维护自己良好的形象。当我们讨论办公室美化时，一位心理学顾问建议我们实行这种政策，结果真的有效。当下属知道离开工作地方，每个人都会看得很清楚，而且每个经过的人都能看见他们在休息室抽烟、聊天、吃东西时，他们就不会滥用权力。”

“让公众注意一个人的行动是最好的管理方法，而公司不必为此付薪水。”总经理最后补充了一句。

将这位总经理的话更确切地翻译过来，就变成了“作为管理者的你不要去监督下属，他们会在各种各样的理由下自己管理自己。”我们经常会过于迷信制度的作用，把制度提升到管理的核心位置。公司制定了制度，强制下属执行，并把那些执行得好的命名为优秀下属。可是，管理者依然困惑：为什么制度很难执行？明明对大家是善意的东西，他们为什么不接受？

制度是什么？是集体的契约。现在，却变成了那些“自以为是”的管理者们强加给人们的一种“善意”。而人的本性却告诉我们：凡是“强加”的都会遇到本能的抵抗。我们无须把公司里所谓的精英者（也就是那些位高权重的管理者）的地位放得高高的。以往的管理中，精英者的工作是管理下属，而下属则是被管理的观念必须破除。

你是否想过，人是不可以被其他人管理的？事实是，人可以被引导，可以不得已被强制，但是人却不会永远接受强制和作为他人意志的体现而强加给自己的管理。这是最基本的人性。你可以做很多的事，但却不能违背人性，否则，便会给自己带来麻烦。人只能自己服从自己的意愿，人只能自己管理自己。当你让你的下属自己管理自己时，他们会去做你希望他们做的事，而不是由你强迫他们去做。

是的，“我们要自己管理自己”，下属们说。但是管理者们却不这么认为，他们总是把自己的意愿强加给下属，通过各种控制、监督手段来“管理”下属。

“下属是最重要的资源”，这是被普遍认同的观点。但是，这种论调只是管理者冠冕堂皇的借口，因为这意味着管理者可以像使用资金、设备和其他任何资源一样使用下属，管理他们、控制他们。如果你抱着这样的观念的话，你肯定会受到来自下属阶层的抵抗，尤其是当你公司里的下属是最有“价值”的知识下属时，更会是如此，知识下属的自主性最强，他们是不可能主动地接受你的管理的。

显而易见的事实是：每一个人都是自己的主人，不是其他任何一个人的主人，也不是任何一个企业或者任何一个组织的主人；管理者也不是被管理者的主人，而只是自己的主人，作为自己的主人，就要为自己负责；管理者不是被雇佣来做下属的主人，他们的职责应是引导下属，管理者有责任帮助下属成为他们自己的主人，使他们对自己负责；管理者管理好自己是管理下属的前提。

每个人都会有某种强烈的需求，并希望自己能控制部分未来，心理学家称之为“自主”。人类只要稍能控制自己的生活，就会更健康、快乐，也更具有生产力。

雷夫寇在 1976 年提出的“关掉噪声”的实验报告最适合用来说明这项理论。实验中，一群研究对象在进行解谜和校稿工作，周围不时出现非常嘈杂的声音，包括两人以西班牙语进行交谈、一人说英语，以及各种办公室机器所发出的响声。

研究对象分成两组，第一组仅被告知要尽力完成工作，第二组则多了一个可以关掉噪声的按钮。结果不出所料，有按钮的那一组表现较佳，不但谜题解数是另一组的五倍，校稿的错误率也较低。但令人惊讶的是，有按钮的那一组并没有去使用按钮，换言之，只要让他们知道能自行控制，就可产生这么大的差异。

既然有了“关掉噪声”的权力可以使人更快乐、生产力更高，那么，为了使组织保持活力、士气和承诺，必须让下属对于切身相关事物拥有部分的影响力。这一观念的精髓体现便是“自我管理小组”。

自我管理小组由三至十人组成，没有任何直属主管，成员必须先接受培训以便承担工作挑战。只要赋予小组所需的资讯与使命，由他们决定每日的工作内容，设定目标，自行为质量管理、采购出勤和成员行为负责，每一名小组成员都应该了解小组职责范围内所有工作内容。自我管理小组的成功，得以实现“放弃对下属的控制以便控制他们”的观念。假如实行得当的话，这种小组往往可产生很高的生产力和士气。

能够称得上卓越的公司并不多见，而能够维持卓越表现的公司就更少了。事实上，要持续经营已经很难，更别提保持卓越的表现了。因此，鲜有企业能名列《财富》杂志500强数十年，而宝洁公司就是其中一个。

为了提升企业的创造力，管理者要跳出传统的管理思维，需要认真思考如何把创新作为一种系统性的能力，让组织的每一名成员都成为创新者，如何创造一种能够激发人们尽情发挥自己潜能的环境和氛围。也就是说，为了打造核心竞争力，让组织内的每个人都能够自由地发挥自己的创造力。

管理赋能打造高效团队组织

如果组织目标不明确，组织成员就不知道他们需要做出哪些行为和努力，不知道协作会给他们个人带来什么好处，自然不会有协作意愿。

组织目标必须被组织的成员所理解和接受，倘若组织的目标不能被组织的成员所理解和接受，也就无法统一行动和决策。对于一个目标，只有当组织成员认为他们彼此的理解没有太大差异时，才能成为协作系统的基础。

组织的共同目标和个人的协作意愿只有通过意见交流将两者联系和统一起来才具有意义和效果。有组织目标而无意见交流，将无法统一和协调组织成员为实现组织目标所采取的合理行动。因此，意见交流是组织内一切活动的基础。

在常态下，光靠上级的推动来维持组织的运转已经无法满足企业需求，随着时间的流逝，组织的管理者也会懈怠下来，而管理赋能可以打造更高效的团队。

京东力图建立“客户导向的平台架构”，以客户需求为出发点改革组织运作模式，重点在授权前移：打通所有人才的联系渠道，把前台客户需求从一个个工作分解成一个个任务，通过任务管理平台将任务开放给公司内所有人。下属可以跨越部门界限，在全公司范围内自由组队，以任务团队身份比拼，领取并完成任务，获得评价和奖励。

海尔的“人单合一”也体现了赋能理念：通过企业平台化把企业从传统的科层制组织变为共创共赢的平台，通过下属创客化把下属变为主动为用户创造价值的创客和动态合伙人。

韩都衣舍的“小组制”：将传统的直线职能制打散、重组，新组成的每个小组要对一款衣服的设计、营销、销售承担责任，同时各小组还要进行人才、品牌等方面的竞争。小组制将大的共性与小的个性完美结合。

一个积极的赋能环境能够激发下属的积极性，促进下属的成长和发展，同时也能够提高组织的整体绩效和竞争力。

1. 打造基于团队的组织结构

大企业由于规模大、人员多，形成了等级森严的科层制组织结构，在应对复杂的外部环境方面显得较笨拙，因而常会面临创业企业从边缘逐渐壮大并颠覆原有格局的危机。

规模大与调整适应能力似乎成了难以调和的矛盾。为了克服大企业存在的问题，越来越多的大企业寻求打造高效执行关键任务的团队，打造基于团队的组织架构，核心是将小团体的优势发挥到大组织上。

具体而言，要着力打破森严的层级架构，减少管理层级，促进组织结构扁平化，改变信息的流向，从单向的自上而下与自下而上变为网状方向；下沉决策权力，赋予一线团队以“开火”权与相应的调整适应的权力；打造企业平台，提供竞争舞台，建立内部竞争机制，直面市场，将市场压力和经营意识渗透到每一名下属；突破部门、专业的深井，建立起跨部门、跨团队的联系，建立互信和目标共享，将团队真正融合为一个整体。

2. 推动领导积极赋能下属

上级对下属的影响是最直接的，组织赋能的职责必然要落实到领导身上。在授权赋能的组织内，领导对下属的指导比传统的层级组织要多，并善于把更多的选择权授予下属。赋能型领导意味着领导要把团队建设、人才培养、绩效辅导等过去并未重视的工作提升到相当高的程度。

具体而言，领导要创造激动人心的愿景并赋予其意义，激励下属认同愿景并为实现共同的理想而倾力合作；根据下属不同的成熟度实施权变式领导，采取“双眼紧盯，双手放开”的策略，提高领导行为的有效性；领导要善于智力激发，借助授权、参与、群策群力等方法引导下属创新思维理念，鼓励其不断挑战自我，提供舞台促进其成长，并激发和整合所有成员的智慧；领导要有爱才之心，注重对下属的个性化关怀，帮助下属应对变革和挑战；领导要为下属提供工作支持与指导，创造并维系良好的团队工作氛围，在资源保障、信息透明、良好协作等方面提供充分支持。

2014年2月，萨提亚·纳德拉（Satya Nadella）成为微软公司的新任CEO，当时的微软错过移动互联网时代，不管从市值上看还是从业务发展上看，都渐渐落后于苹果、谷歌、亚马逊等竞争对手。在微软工作了20多年的纳德拉观察到，一向奉行精英文化的微软深陷“固定型思维”，需要用“成长型思维”来彻底刷新。

上任没多久，纳德拉给微软每一位高管都发了一本德韦克教授的书《终身成长：重新定义成功的思维模式》，在全公司倡导“成长型思维”。纳德拉带领微软聚焦在“移动为先，云为先”的战略下，市值于2019年突破1万亿美元，重返世界市值第一的宝座。如今的微软，市值已突破2.5万亿美元。纳德拉认为，虽然我们无法准确预测未来的科技变化，但成长型思维模式可以帮助我们对不确定性更好地做出反应。“我们的文化是关乎每个人的，任何具有这种态度和思维的人，都能摆脱束缚、战胜挑战，进而推动我们各自的成长，并由此推动公司的成长。我讲的并不是净利润的增长，而是我们个人的成长。如果我们每个人都能在工作和生活中成长，公司也会成长。”

3. 提高下属的动力、权力与能力

赋能型组织重视成长，不只关注企业业绩成长，更关注组织中每个人的成长；赋能型组织强调平等，重视自由，并给予组织中的每个人充分的信任；赋能型组织为应对创造力革命而生，对赋能型组织而言，不创新，毋宁死。

下属是组织赋能的客体，也是发挥能量的主体，因此赋能的最终落脚点是在下属身上。如何让下属感受到能量与支持，激发起内心赢得竞争的动机，提高其创新与学习能力是赋能的关键。

第一，给下属压力。

授权赋能，赋予更多的是对下属的信任，将高绩效、快速成长、果断决策的压力传递给下属，促进下属成长。

第二，激励下属。

激发下属内在的工作动机，使下属认识到自己是受到组织信任和重视的，更加相信自己能够胜任当前以及未来的工作。

亚马逊公司有一项叫作“制度的同意”的制度，由当时的首席执行官杰夫·贝佐斯和首席技术官维尔纳·沃格斯共同推出。在亚马逊公司，当下属提出一个想法时，上级经理的默认回答是“同意”。如果上级想要否定下属的想法，必须撰写一份两页篇幅的报告，解释清楚为什么这个想法不行。这样，亚马逊通过增加否决的难度，鼓励下属提出更多更有创意的想法。

第三，辅导与培训。

授权的前提是下属有相应的能力来合理支配权力，科学做出决策。企业在授权赋能的同时也要注重对下属系统的培养与培训，通过建立与各层级胜任素质模型相匹配的培训开发体系，及时提高下属能力，更好

地发挥赋能的价值与作用。

赋能的重点是组织强调下属的参与并向下属分配权力，构建赋能的组织结构体系；领导赋能是从领导的视角，发挥领导在赋能中所起到的导师的作用，鼓励下属参与组织的变革过程；心理赋能则从个体层面提出赋能是下属对自身价值、能力、自我决策及影响力的心理感知过程，强调增强下属克服困难、承担并完成任务的自信心。

管理赋能锻造企业核心竞争力

企业的持续发展基于企业自身的内在平衡，也就是企业内部运营系统能力与市场运作系统能力之间的平衡。而企业的整个管理层非常重要的任务不仅是为企业指出业务道路的方向，更为重要的是去构筑一个发挥才能的机制与平台，建立起凝聚人心的企业文化。

1928 年，保尔·高尔文在芝加哥创建了高尔文制造公司，产品是汽车收音机。1947 年，保尔·高尔文将其改名为摩托罗拉。他的儿子鲍伯·高尔文在 1964 年成为摩托罗拉 CEO。鲍伯·高尔文是一个正直而平易近人的人，这使得他的领导风格带有浓烈的人性化色彩，他将自己的角色定义为“制度管理者，做一个好的倾听者”，他总是去关注那些被高层经理们忽视了的雇员，就像父母对待子女一样，力图让每个下属在摩托罗拉都受到平等的对待。鲍伯·高尔文这种家庭式的管理风格，深深体现在摩托罗拉的制度与文化系统中。

1970 年，他带领摩托罗拉制订管理项目计划，这一计划将下属分为若干小组，让每个小组讨论如何提高生产效率与存在的问题，然后每个小组推举一个代表去汇报他们的成果，优秀的小组将会受到特别的奖励。如果一个人在摩托罗拉工作十年以上，那么未经鲍伯·高尔文的亲自批准，就不可能被解雇。

摩托罗拉对自己最自豪的称谓是“大家庭”，另外，摩托罗拉还有一条奉为宗旨的企业行为准则：“保持高尚的操守，并对人永远的尊重”。在摩托罗拉，遵守职业及商业道德是工作标准中最基本的一条，再好的一个领导，再好的一个经理，再好的一个下属，不遵守职业及商业道德，也是不合格的，摩托罗拉每年都会对下属进行职业及商业道德培训。

1999年，摩托罗拉又开发出了“个人承诺”方案，来代替原来的个人发展计划系统。这一系统所界定的两个目标是：第一，创造一个无偏见的环境鼓励摩托罗拉下属与管理者之间的交流；第二，采取行动来优化企业制度系统和个人发展系统。这一系统要求下属在每年年初要明确自己的目标、工作中的合作者以及职责要求，然后在每个季度列出检查点进行对照检查，最后年底进行总结。整个过程的关键点是下属与其主管、人力资源部门之间的充分沟通。

摩托罗拉强调个人目标与组织目标的融合，并提出了“我建议”方案。这一方案鼓励下属参与到制度问题的改进之中，从工厂生产过程到客户服务系统，从管理效率到产品开发，下属都有权提出自己的建议，有效果的将会受到奖励。

在这一点上，就像摩托罗拉这样的远景型公司，并不把它们的生存价值与注重实效当成“二挑一”的选择，而是将其作为一种寻求有效解决方案的动力，并且所有的行为都必须与它的价值观一致。

管理赋能帮助企业厘清战略目标

经济全球化促使企业之间的竞争越来越表现为企业核心竞争力的展现，因此，如何提升企业核心竞争力已成为企业管理和发展的首要核心任务之一。

一般而言，企业核心竞争能力包含多个层面，归纳起来主要包括以下五个方面：

1. 企业技术开发能力

企业技术开发能力是指利用从研究和实际经验中获得的现有知识或从企业外部引进技术，为生产新的产品、装置，建立新的工艺和系统而进行实质性的改进工作。目前，国外一些大的企业或公司，像 IBM、松下、西门子、微软等公司都成立了专门的技术开发机构，在激烈的竞争中，抢得先机，形成自己的技术积累，使别人难以模仿和超越，确保企业的竞争优势。

2. 企业的战略决策能力

企业的战略决策能力依赖于企业管理层对其所拥有的核心资源的认识深度和规划方面的技能。企业在产业发展相对稳定的时期要保持企业核心能力和积累的一致性，准确预测产业的动态变化，适时进行企业核心能力的调整。企业的管理只应从企业核心能力的培育、成长和积累的角度来考虑企业的战略问题。

3. 企业的核心市场营销能力

企业的核心市场营销能力涉及企业营销网络及渠道的管理和控制。

运用科学的营销方案，培养优秀的营销队伍，配合各级营销点，有效利用广告效应，将企业的技术优势外化为市场竞争优势。企业的核心市场营销能力应该是其他企业难以进行竞争性复制的独具特质。比如，最近数十年商业发生的变化是，几乎每一类产品的品种都在以令人惊异的速度增长。最大的不同之处是，过去当地的企业在国内市场中进行商业竞争，而现在，诸多的企业都在全球市场中开展企业的核心市场营销竞争。又比如，数十年前我国的消费者们只能购买由国内企业生产的物品，但现在，他们每次购物都可以从不断增加的本地和国外品牌中进行选择。

如此激烈的竞争说明，当今的市场是由消费者的选择结果来推动的。消费者拥有如此多的选择，以至于一点过失就会让企业付出昂贵的代价。所以，企业的核心市场营销能力是企业赖以生存和发展的基础。

4. 企业有效生产的能力

面对不断变化的市场，企业要有进行有效生产的能力，就必须始终保持生产、经营、管理各个环节、各个部门协调、统一、高效。它涉及企业的组织结构、企业战略目标、信息传递、激励机制和企业文化等方面。根据生产中不同阶段要求，有效组织资源，并使其在各自的位置上正常运转。

5. 企业组织的应变能力

客观环境时时都在发生变化，企业决策者必须具有敏锐的感知能力，保持经营战略适应外部环境的变化。若出现无法预料的事件，如某项技术的发明、政府政策的调整等，企业就必须迅速、准确地拿出应变的措施和办法，把可能对企业自身的影响降到最低程度。

在这个高技术、快速变化的世界，人们已经习惯“新一代”的产品。这不仅仅是顾客的预测，更是顾客的期待。企业与其是做更好的，不如去做下一个。这也充分反映了企业组织的应变能力，没有人会在买了一种被认为是陈旧的产品时感到舒服。

一个十年高速发展的公司与一个近八十年的成熟公司之间的差距主要是内在的机制与文化，而不在于表象的繁荣或是危机。

一个曾经很有比较竞争优势的企业，如果不能正确选择合适的企业发展战略，那便很容易丧失市场竞争优势。所以真正支撑企业长期持续的动力来自于企业文化与核心竞争力，来自于企业应对变革的集体学习能力。

持续发展的本质是经营者对企业价值、对企业未来发展的思考认识。所谓的战略思考就是你在拥有优势的时候，设想这一优势失效后公司如何才能持续目前与未来的优势，或者在你没有明显优势的时候，设想如何获得核心竞争力来构筑未来的优势。而这些，就是管理赋能项目能给企业带来的最为深刻的功能作用。

管理赋能可以帮助企业明确在不同阶段所应采取的战略，明确战略目标与核心竞争力之间的配合关系，比如技术研发能力与市场需求方向之间的关系，哪些技术的产品是具有消费需求导向的，这样做的好处是帮助企业认清自身所处的形势地位，可以真正分清目前的繁荣中所存在的假象，分清哪些是对未来具有持久性支撑的因素，哪些只是暂时的因素。

但应该承认，管理赋能是非常关注企业文化的，因为管理赋能也是企业文化的一个方面。一家没有优秀企业文化的企业，是不会主动积极地实施管理赋能的。所以，管理赋能需要一种成功的企业文化作为支撑，也只有公司明确指明了管理赋能的方向，整个公司的管理者和下属才会有足够的动力和能力去实现目标。

管理赋能虽然可以帮助企业营造企业核心竞争力，形成竞争优势，但应该做好以下几个方面的工作：

1. 管理赋能可以开发企业核心竞争力

构建企业核心竞争力，就是要利用企业实施管理赋能之际，将企业潜在的核心能力转化成现实的核心能力。企业的核心竞争力作为企业能力中最根本的能量，是企业成长最有力、最主要的驱动力，它提供竞争优势的源泉。

因此，开发核心竞争力，首先要明确战略意图。核心竞争力突出体现着企业的战略意图，企业在全面、深入地分析市场未来发展趋势的基础上，通过特定的发展战略形式的拟定，确定企业的战略目标，明确企业核心能力的技术内涵及如何将核心竞争力转化为核心产品。

其次，建立合理战略结构。企业根据既定的战略意图，协调管理人员的工作，优化配置企业的各种资源。设立相应的协作组织，平衡内部资源的分配，同时有效吸收企业外部的可用资源。

再次，实行战略实施。企业根据既定的战略意图和战略结构，具体组织开发核心竞争力，对开发进行实时控制。20 世纪 90 年代，摩托罗拉公司就意识到信息技术与通信相结合是未来通信业的发展方向，率先提出信息技术变革理念，并及时调整战略结构，抢得了市场先机。

2. 管理赋能可以维护和巩固企业核心

竞争力企业的核心竞争力是企业通过长期的发展和强化建立起来的，而管理赋能活动可以帮助企业维护和巩固企业核心能力，但如果企业丧失了核心竞争优势则会给企业带来无法估量的损失。

通用、摩托罗拉公司从 1970 年至 1980 年间先后退出彩电行业，丧失了该部分的核心竞争力，也因此而失去了它们在影像技术方面的优势。显然，企业必须通过持续、稳定地支持、维护和巩固企业的核心竞争力，确保企业核心竞争力的健康成长。

企业实施管理赋能，可以使得在一些优势方面更加专注和持续投入，精心培育核心竞争力，把它作为企业保持长期优势的根本战略任务。但企业也应该认识到，因为从时间角度分析，培育核心竞争力不是一日之功，所以企业实施管理赋能不能急于求成，应该持之以恒地实施管理赋能，并不断提炼升华以形成核心竞争力。

企业实施管理赋能，即加强了企业的管理体系建设，要加强各部门沟通，将各种分散的人力和技术资源组织起来，协同工作，形成整体优势。定期召开企业核心竞争力评价会，保持企业核心竞争力的均衡性。

管理者要做赋能的“设计者”

管理者作为管理赋能中的重要角色，需要具备一定的能力和技能，以应对新的挑战和机遇。他们需要具备领导力、沟通技巧和培训能力等，为被赋能者提供的是知识上的支持，提供的是各种资源整合，来帮助自己的下属取得更大的成绩。搭建赋能型的组织结构，需要学习新的思维方式和行为模式，以便更好地适应组织的变化和发展。

杰出的管理者是幕后总指挥

一个管理者首要的责任并不是去做决定或者指挥，而是要去创造和保持一种催化环境，激发出一种目标导向的参与气氛，保持目标清晰，畅所欲言，能够为其他人提供可以学习的机会，鼓励其他人进行再创造。

有一位溺爱孩子的父亲，十分喜欢自己的孩子，几乎是什么事情都替他做，这么一来，他的孩子便养成了依赖的心理。有一天，这个小孩不小心掉入门前的深河里，他的父亲见了，赶忙游过去把他救上来，并说："有父亲在，孩子，你别怕。"

没过几天，小孩又掉进河里。他的父亲又游过去把他救了上来，此时，许多邻居都劝他教会小孩游泳是一个避险的好方法。可小孩的父亲说："不必了，我会游泳就足够了，他落水了，我能救他。"

谁知，过了几天小孩又第三次掉进深河里，由于他的父亲没在身边，他自己不会游泳，河边又没人，他狂喊了几声，便沉入水中溺死了。

这个父亲不是聪明的父亲，只知道营救，而不懂教孩子游泳才是孩子仍旧溺水的根本。企业管理也一样，管理者的职责是引领而不是运营。引领就是自己可以站在幕后指挥，让下属去贯彻自己的思想，去进行实际的操作和运营，不需要事必躬亲。

管理者要成为下属工作系统、工作环境的设计师和优化师，找到工作的杠杆点，更有力地去撬动下属的绩效提升。

美国在线（AOL）是美国时代华纳的子公司，著名的因特网服务提供商。AOL 刚成立时，公司只有 150 个雇员，后来迅速发展，成为全球首屈一指的网络业务提供商。

面对高速增长、变化急剧的市场，AOL 唯一的成功之道就是招揽人才，并为他们指出一个大方向，然后就放手任他们发挥。为此，AOL 的总裁史蒂夫·凯斯谈起了他的创业心得，他认为所有事情最终还是要落实到人上，这时，就要看管理者能否引领好公司下属了。正确引领下属，是他创建公司学到的最宝贵的经验，更是他作为跨国总裁的经验之谈。

2001 年 12 月，杰瑞·莱文宣布了一个令整个传媒产业吃惊的消息：自愿放弃 CEO 位置，选择了其在时代华纳共事多年的同事帕松斯作为其接任者。与此同时，作为公司董事长的史蒂夫·凯斯亦发出信号：要从幕后更多地走向台前……

在接受亚洲华尔街日报的记者采访时，史蒂夫·凯斯坦承了自己与杰瑞·莱文之间的分歧以及对帕松斯的欣赏，并总结了 AOL 与时代华纳合并一年时间以来的经验和教训。

在互联网大热的 2000 年，凭借手中飞涨的 AOL 股票，史蒂夫·凯斯以 1560 亿美元收购时代华纳。年仅 43 岁的史蒂夫·凯斯，便成为华纳媒体董事长。

不过，在合并后的头一年，史蒂夫·凯斯让杰瑞·莱文站在聚光灯下，而自己则甘居幕后。即便华纳媒体总部迁到纽约之后，史蒂夫·凯斯仍留在弗吉尼亚——美国在线原来的办公室里，遥控公司的长远战略。

为此，史蒂夫·凯斯表示：考虑到明确谁在“当家”的需要，我不希望公司内部在这一问题上有含糊。事实上，这样也有助于我做的决策更理智，而且也并不妨碍我对公司的“内政外交”及战略、技术方向的适时选择和调整……华纳媒体的雇员人数达9万，我不能一一去管他们，那样我是在费力不过好。

面对千变万化、竞争激烈的市场，唯一的成功之道就是延揽人才，为人才指出一个大方向，然后放手任他们发挥。因为所有事情最终还是要落实到万千下属身上。在人才的统领下，下属的才能才会发挥出来，为公司做贡献。这也许是老生常谈，但的确非常重要。

领导的工作重点是引领人才而非运营，应该更多地关注怎么样才能行使有效的管理，打造出一个良好的团队或者组织工作的条件和氛围，让下属在工作当中更好地去表现。

1. 目标清晰，任务明确

赋能员工，并不是先关注员工的能力，而是要能够让员工对自己的工作目标和任务有一个清晰的了解。但是做到这一点往往比我们想象得要难，很多管理者都会低估任务布置的难度，总觉得他一说下属就应该很清楚，但实际上不是这个样子。

很多管理者对信息、对工作的理解和认知是要远远超过下属的，当他谈到一件事情的时候，他自己觉得说得非常清楚了，但下属其实并不是特别了解。

2. 因人制宜，灵活安排

很多时候下属达不到上司的要求，确实是下属的能力有所欠缺。所以，这就要求管理者在日常的管理中更灵活地安排下属。

下属能力特别强，管理者可以授权给他清晰的目标，鼓励他按照自己的方式来做。下属能力不足，充分授权就可能会带来一场灾难，这个时候管理者要做的不只是要和下属明确工作目标和具体的工作要求，还要在过程中及时跟进、监督，了解工作的进展，并且给下属有效的反馈。

3. 不断反馈，随时纠偏

我们每一个人在工作当中都会高估自己的表现，所以管理者应该在工作当中给下属充分的反馈，及时告诉下属是偏离了方向了，还是在正确的航道上。这样也能够让下属感受到工作的成就感。

4. 梳理标准，及时调整

给员工就工作标准做清晰的梳理不是为了控制员工，而是能够让员工基于最佳的实践总结，更高效地开展工作。

很多管理者会把大量时间放在“救火”上。为什么要“救火”？因为“救火”会带给管理者巨大的成就感。管理者会在“救火”中产生舍我其谁、非我莫属的自豪感。

其实，管理者不应该把大部分时间花在“救火”上，而应该把时间花在标准的梳理和调整上。要把只有自己才能够完成的工作标准化，把经验沉淀下来，让普通的人都能够做到七八十分。

管理赋能不是要提高员工能力，赋能是指管理者要履行自己一个特别重要的职责，更有力地促使下属进行创造。

聚焦管理目标和使命感

管理者不是看守人，必须具备使命感，明确管理的目标，明白自己往哪里去——不管你是领导十万大军的战术空军司令，或者只是领导十多个人的非正式小团体。假如你没有理想和目标，你就不会有成就，你领导的团队也会出现各种问题。正如《论语》上所说的：“人无远虑，必有近忧。”

有一种名为“列队毛毛虫”的小昆虫，它有这种奇怪的名字，是因为它有一种独特的爬行方式。当很多列队毛虫在一起走的时候，它们会一只只首尾相接，成一行前进。带头的那只列队毛虫就负责找桑叶——它们主要的粮食。不管这只带头的爬向哪里，后面那些一定会跟着。它们在爬行找桑叶的时候，大约是五只成一条直线前进。

有位科学家以一组列队毛虫做了一次有趣的实验，将它们绕成一个圆圈，让带头者和最后一只首尾相接——这样一来也就没有了管理者和行进的使命感。在圆圈的中央，他放上一盘桑叶。这位科学家想知道，这种没有管理者和跟随者之分的情形能维持多久。他认为，等他们饿得厉害时，这个圆圈一定会解散，大家会抢着去吃桑叶。

但结果却大出他的意料。这些列队毛虫最后饿得奄奄一息，仍然是首尾相接形成一个圆圈。食物离它们很近，但它们仍然跟着前面一只爬行，根本找不到目标。

人不是列队毛毛虫，假若你没有使命感，不知道自己努力的方向，便没有人会跟随你。反之，他们会跟随某个有使命感、有目标、明白自己往哪里去的人。

美国南加州大学的华伦·庞尼斯和布特·纳鲁斯两位教授，联合访问了九十位领袖人士，其中包括六十位有成就的董事长和三十位公众机构的杰出领导人，结果发现：所有受访者都清楚自身背负的使命感，明白自己要将团体带向何方。庞尼斯和纳鲁斯在两个人合著的《管理者》这本书中说："毫无例外的，他们负有使命感，吸引了别人的跟随。"

MCI 有限公司的创办人兼董事长威廉·麦高文，是打破美国电话电报公司（AT&T）对长途通信独占权的第一人。他坚信："人们到 MCI 来，并不是为了安全，他们是来接受挑战的，他们想成为某种新东西的一部分。"

人们会受到一位管理者使命感的吸引，因为他们明白，经由他的领导，他们和团体都会一直向前迈进，未来比现在会更好些。

使命感固然重要，但有目标只是你领导行动的一半，另一半则是要大家明白你的使命感，必须以沟通来使受你领导的人目标一致。

惠普电脑公司的总裁约翰·杨说："成功的公司自上到下都有一套共同的目标。"

《国家旅行杂志》发行人杰姆士·布吉尔就根据这项原则设立了自己的印刷厂。他自筹款十万美元，购买设备，训练操作人员，找厂址，前后共花了四十五天的时间。他全靠和属下沟通，让他们和他有一致的目标，事情就迅速地办成功了。他的看法是："一个秘密的目标，无法得到参与者和其他的助力。将目标解释清楚，让参与者全都明了，可以激发他们的热忱，使得他们发挥最大的力量，这是种靠压迫所得不到的无限力量。"

假若你有远大的目标，又能和别人沟通，虽然其他条件不佳，你仍然会成功。

美国第五十一空降步兵团团长朱利安·艾威尔上校，在1944年12月18日晚，率领他的部队抵达比利时。两天以前，德军就已开始他们的亚尔丁之役。这是第二次世界大战中，德军发动的最后一次大攻势，历史告诉我们，这次战役乃是战争结束前的反弹。艾威尔只带了不到一千人抵达战场，而上级司令部无法告诉他敌情、友军状况……什么情报都没有。

但艾威尔有他的主见，并且和部属做了良好的沟通。他告诉他们："我们要攻击德国人。"他们也就如此做了。他们阻止了德军第二十七装甲军三万多人的进攻，迫使希特勒不得不改变作战计划，从而影响整个第二次世界大战的局面。

罗杰·里斯是位沟通咨询顾问，他曾经担任过很多工商界负责人和竞选政治人士的顾问。他说："……领袖气质的要素，就是能显示你对某个理想或目标的专注。"

当然，对某个理想或目标的专注，也就是表示你有使命感、有远见，行为心理学家已发现，沟通和领袖气质间有相辅相成的关系。

马丁·路德·金就曾这样说过："我有我的使命感。"假如需要被赋能者跟随你，管理者就要有使命感，而且要把这个使命感立在下属的心里。

突破格局，精准施策

“火车跑得快，全靠车头带”，作为管理者亲自临阵指挥，最能提高下属的士气。特别是当陷入困境时，唯有统领出色的领导立于头阵，身先士卒，才能打开生路。临阵指挥，并非在于展现领导优越的能力和魅力，重要的在于它能影响全体的精神。

大家都清楚，下属的态度反映了赋能者的态度。也就是说，你的职位越高，你就越需要表现你的领导力。

然而，很多管理者都无法彻底实践自己立下的规定，假如你要求每个人都遵从某一种方法做事，你自己也不能例外。假如事情不得已要按例外行事，你得向下属解释其中的道理，或者改变规定。假如你期望下属一直对你诚实，你也要付出同样的真诚。假如某件事需要保密，你应该什么都不要说，或者明白地对别人表示，你不宜对这个议题发表意见。假如你希望下属整天埋头工作，你自己也要全天无休或做得更久。假如你期望他们以小组的方式工作，就不要把工作目标不同的下属放在同一个工作小组里。

没有一个企业的成功是完全依靠领导的个人能力，还要靠员工们的智慧和努力，所以作为管理者必须要勇于承担责任，要能够理解员工们在工作中出现错误和失误是不可避免的。作为管理者要做的就是在员工们犯错时能够进行及时正确的引导和帮助，这样才能培养出一支优秀的团队。

对赋能者而言，能够成为下属的榜样，自然魅力大增。但是要做到这一点，并非易事，不仅仅靠自己平时的工作技巧就能做到。

以身作则不是整天在下属面前喊喊口号就可以了，真才实学永远比口号更重要，且更能让你的下属钦佩有加，激发他们殚精竭虑地为你工作的潜能。你想让他们做什么，他们就会做什么，这才是货真价实的领导权，也是最大地驾驭下属能力的具体表现。

应时刻牢记这句话：领导是被学习的榜样，不是被赞扬的对象。给别人树立学习的榜样远不是一件容易的事情，那意味着必须时时刻刻不断加强自身的传统个人品质。

要想让员工能够全身心地投入到工作中，就要给他们足够的空间。作为管理者，要给员工更多的自由空间，这样才能让员工们充分发挥自己的聪明才智，从而达到我们想要的效果。每个人都是有思想的，他们在工作中也会遇到各种各样的问题，作为管理者要做到善于发现问题、及时帮助员工解决问题。

1. 去做正确的事情

你的下属将永远把你看作他们的管理者，看作学习的榜样。由于你自己能够履行上司的义务并能以身作则表现出榜样的风范，你的下属就会尊敬你，为你而感到骄傲，并且会产生一种想达到你那样高的境界的强烈愿望。

运用下面的 8 种技巧，你就能成为堪称楷模的领导：

（1）为你的下属树立高标准的学习榜样。

（2）通过努力工作树立榜样。

（3）身体要健康，精神要饱满。

（4）要完全掌控自己的情绪。

（5）要保持愉快而乐观的态度。

（6）在指责或批评别人的时候，不要把个人因素掺和进去。

（7）待人要随和，要有礼貌。

（8）你的话必须一诺千金。

2. 表率就是强人

表率即率而先之。通俗地讲，表率就是工作业绩突出，影响力较大。作为领导，当然要起到表率作用，用魅力感召下属，形成上下同心协力的工作局面。美好的形象能产生一种形象效应，给下属以信心、以勇气、以力量，指引他们勇往直前。领导具有顽强意志等人格魅力，影响着下属的工作方向，“因为自己的形象使下属产生折射反应，则会产生极好的效果。”

“上有好者，下必有甚焉。”因此，有什么样的领导，自然会有什么样的下属，所以领导在责怪下属处事不当之前，应该想想自己是否有同样的缺点。其身不正的，试问又如何去责怪下属？

你是否发觉，不少人的辞职原因也涉及不喜欢领导的处事作风？

由此可见，如果下属认为与领导不属于同一类人，多数会自动辞职，所谓物以类聚，人以群分，便是这个意思了。因此，我们可从下属的表现得悉其领导的管理能力。

为避免下属有样学样，身为领导的你，最好时常省察，不时反省一下自己有什么坏习惯，及早戒掉。

比如领导时常借故迟到早退，这样会令下属工作散漫，严重影响工作效率。领导不在，下属工作便可能会放松，或四处找人聊天，将你“偷懒”的消息四散，所以身为领导不要无故随意离开岗位。

另外，不要随便推卸责任。把自己应负的责任推给下属，这不会令自己的责任减轻，只会令人怀疑你的管理能力。

当然，做事公平及公私分明的，才是下属学习的好榜样，反过来只有这样的下属，才会为你赢得上级和同事的口碑。

有好的下属，也会令你“水涨船高”，在公司里有更稳固的基础。

领导要起表率作用，塑造自己的魅力，应该做到以下 5 点：

（1）做任何一件工作，都要比一般人想得周密，做得有条理。

（2）勇挑重担，不怕困难，喜欢在重担和困难面前锻炼自己的人格和能力。

（3）能从全局看问题，从小处着手，一步一个脚印地解决问题。

（4）不追求个人享受，任劳任怨，以身作则，同时能以大家的甘苦为自己的甘苦。

（5）能以科学的手段，指导大家的工作方法；能以人性为本，激励大家的工作热情。

将职业管理发挥到极致

职业生涯管理是近十几年来从人力资源管理理论与实践中发展起来的新学科。生涯是指一个人一生工作经历中所包括的一系列活动和行为，组织生涯管理是组织生涯发展计划和个人生涯发展计划活动相结合所产生的结果。通过组织生涯管理系统以达到组织人力资源需求与个人生涯需求之间的平衡，能创造一个高效率的工作环境和引人、育人、留人的企业氛围。

企业职业管理的最终目的是通过帮助下属的职业发展，以求组织的持续发展，实现组织目标。职业管理的假定是只有组织下属的卓越发展，才有组织的目标实现。而下属的卓越，有赖于组织实施的职业管理，在组织提供的有效职业管理中，下属迈向卓越，才能将自己的聪明才智奉献给组织。

在企业的管理中，管理者能否赢得下属的敬业精神和奉献精神，关键在于其能否为自己的下属创造条件，使他们有机会获得一个有成就感和自我实现感的职业。筛选、培训以及绩效评价等工作在企业中实际上扮演着两种角色：一种是传统意义上的为企业寻求合适的工作人选并使人力资源充分发挥；另一种是确保下属能够长期受到企业的保护与培养，为每一名下属提供一个不断成长以及挖掘个人最大潜力和建立成功职业的机会，使他们能够发挥自己全部的潜力。

职业生涯管理分为个人的职业生涯管理和组织的职业生涯管理。个人的职业生涯管理是以实现个人发展的成就最大化为目的，通过对个人兴趣、能力和发展目标的有效管理实现个人的发展愿望。组织职业生涯管理是以提高公司人力资源质量，发挥人力资源管理效率为目的，通过个人发展愿望与组织发展需求的结合实现组织的发展。

1. 有目标，还要善于管理

管理者要实现管理目标就必须对目标进行管理。管理者在对目标进行管理的时候必须明确以下几个事实：

（1）目标是分层次、分等级的。管理队伍要想生存下去，必须有目标，但管理的整体目标有总目标和辅助目标之分。从结构上管理队伍是分层次、分等级的系统组织，因此其制订的目标也应层层分解，构成一个系统。

（2）管理队伍中各级、各类目标要构成一个网络。管理队伍的整体目标通常是通过各种活动的相互联系、相互促进来实现，因而目标和具体的计划通常构成一个网络。要使一个网络具有效果，就必须使各个目标彼此协调，互相支援，互相连接。

（3）管理队伍的目标必须是多样的。管理队伍的整体目标具有多样性，即使是主要目标一般也是多种多样的。目标的多样性，并不是意味着目标越多越好，而是说目标不可能唯一。

（4）主要目标与次要目标必须分清。主要目标和次要目标是按照目标的重要程度来划分。确定目标的优先次序极为重要，因为管理队伍必须通过合理的方法来分配其资源。

（5）长期目标与短期目标要统一起来。长期目标和短期目标是按照目标的实现期限来划分的。要使计划工作收到成效，就必须把长期目标和短期目标统一起来。

（6）定量目标与定性目标要互相配合。定量目标和定性目标是按照考核目标的性质来划分的。要使目标有意义就必须使得目标变得可以考核，使目标能够考核的唯一方法就是定量化。在很多情况下，许多目标是用数量表示。不过，在管理队伍的整体目标中也有许多目标不宜于用数量表示。因此在管理队伍的目标制订过程中，定性目标是不可缺少的。

鼓励追求卓越的行为管理者在对下属进行管理的过程中一定要鼓励下属进行创新。

美国的企业普遍把创新与变革作为基本的经营理念，坚决抛弃僵化和保守，推崇变化和灵活，在创新和变化中寻求和把握机会，并在创新过程中使下属体验到工作的乐趣和意义。

如通用电气公司以“进步是我们最主要的产品”为基本理念；惠普公司则强调“以世界第一流的高精度而自豪”；微软成功的秘诀之一就是“不断淘汰自己的产品”。通用电气公司前任董事长杰克·韦尔奇认为，对待创新“你不能保持镇静而且理智，你必须要达到发狂的地步”。这些创新理念都把争创一流、永不落后、追求更高更新的技术和业绩作为下属和企业奋斗的目标，并以此来引导企业的组织变革和战略规划。

正如詹姆斯·莫尔斯所说，“可持续竞争的唯一优势来自于超过竞争对手的创新能力”。

依靠这种创新精神，英特尔公司得以长期雄踞芯片市场王座，微软公司始终掌握软件市场的主动权，麦当劳独领世界快餐文化之风骚……因此，管理者必须鼓励下属不断地进行创新，追求卓越，正如管理学家劳伦斯·米勒指出，追求卓越并非一种成就，而是一种永不满足地追求出类拔萃的进取精神和心理状态。

管理者必须把面向市场为顾客提供最佳的产品和最优的服务作为牢固的创新理念，使创新与市场、与企业的利润结合在一起。因为最先进的技术不等于市场需求，而市场需求的不断变化、市场竞争的日趋加剧却迫使企业不断进行技术创新。思科的钱伯斯说过，“最好的技术不一定成功，市场最终还是要打败技术”。最具有创新精神的3M公司向来都鼓励公司的下属积极地进行创新，通过不断地创新，该公司成为世界上最优秀的企业之一。

2. 做一个主动而积极的赋能者

优秀的管理者是主动的，是自动自发的，他不会被动，不会消极，不会要求别人来鞭策自己然后才采取行动。

主动的、自动自发的管理者首先必然有具有挑战性、但并非不可及的目标。给自己设定目标是一件十分重要的事情。目标设定过高固然不切实际，但是目标千万不可定得太低。自动自发的人应该放开思维，站在一个更高的起点，给自己设定一个更具挑战性的标准，才会有准确的努力方向和广阔的前景，切不可做井底之蛙。管理者应该懂得山外有山，人上有人，在订立目标的时候，绝对不应存有“宁为鸡口，无为牛后”的思想。

一个自动自发的人不会将所有的注意力集中到一些一般的目标上。一个一流的人与一个一般的人在一般问题上的表现可能一样，但是在重要问题上的表现则会有天壤之别。正如美国著名作家威廉·福克纳所说：“不要竭尽全力去和你的同僚竞争。你更应该在乎的是：你要比现在的你更强。”所以自动自发的人应该永远给自己设立一些很具挑战性、但并非不可及的目标。

一个自动自发的管理者必然是个积极主动的人。这种人不会只是被动地等待别人告诉他应该做什么，而是主动去了解自己要做什么，并且规划它们，然后全力以赴地去完成。想想今天世界上最成功的那些人，有几个是唯唯诺诺、等人吩咐的人？管理者对待自己的工作，如果以一个母亲对孩子那样的责任心和爱心全力投入并不断地努力，便没有什么目标是不能达到的。当然，一个积极主动的管理者还应该虚心听取他人的批评和意见。其实，这也是一种进取心的体现。不能虚心接受别人的批评，并从中吸取教训，就不可能有更大的进步。

3. 思想赋能，让员工享受工作的乐趣

管理者必须是一个积极思考者，通过在工作中尽职尽责，不断创新思维、创造价值，享受着工作时的快乐。

其实，我们每个人天生都有积极思考者所具有的热情、正直、信心、决心等品格，只是这些品格有时在某种程度上被环境所淹没。比如我们遭受了反复挫折后，便以悲观的态度看待这个世界，于是“不要那样做了，再做你也不会成功”等消极的话语就会萦绕在我们的心头，我们就开始怀疑和否定自己。正如丹尼斯·韦特利所说：“冠军的产生和毁灭都是由人的观念和态度所决定的。”所以，管理者要让下属出色工作，从现在就要开始引导下属成为积极的思考者，要帮助下属重新审视自己对自身品格的看法，鼓励下属充满自信地工作，享受快乐工作的乐趣，从而在工作中发挥最大潜能。

施乐公司实行一种“人人都是企业家”的责任战略，即“这里人人思考未来，人人使顾客满意，人人负责盈亏”。3M 公司认为“每个雇员都是科研人员”，鼓励每个下属都成为创新者。这种参与式管理实际上已经成为一种企业文化。在惠普、英特尔、宝洁、IBM 等公司里，每个下属包括高层管理者在内，都是在没有隔墙、没有门户的大办公室里办公，也从来不设管理层专用的停车位或餐厅。这样，在管理者与下属之间、下属相互之间可以形成更直接、更自由的沟通与交流，同时这也体现出人人平等的管理理念。英特尔公司总裁葛鲁夫为人随和，下属都把他当作和蔼的伙伴，愿意和他开玩笑。他不讲排场，不搞特殊化，甚至连自己专门的办公室也没有。

很多优秀的管理者要求下属随时提出合理性建议，定期填写对公司意见的调查表，积极鼓励下属参与创新活动，并针对不同情况给予奖励甚至重奖。

4. 不要让压力压垮员工

在企业管理中，管理者固然要给下属施加一定的压力以促使其有效地进行工作，但是如果压力过度，会导致管理效率下降。过度的工作压力会造成工作满意度下降，烦躁、焦虑、忧愁，以及工作效率降低，合作性差，缺勤，频繁跳槽等各种反应。对于企业的管理者而言，提高下属的工作效率和工作满意度，并尽量减少人员流动与缺勤所带来的损失，是每一个管理者所追求的目标。因此，在充满市场竞争的现代社会，如何通过有效的压力管理帮助下属很好地应对压力，正在成为管理者需要重视的问题。

企业的压力管理主要从工作压力来源，下属压力反应，以及下属的自身特点这三个方面入手，通过调整与减少压力来源并帮助下属改变自身，来促使下属更好地应对压力，降低压力反应。

一般来说，有效地降低下属工作压力的方法有：

（1）分解压力法。将管理中的压力一一罗列出来，在写完以后人就会觉得事情豁然开朗，所有的压力都可以一一化解，甚至会发现有些压力是根本就不存在的，只是自己把问题想得过于复杂。

（2）运用语言和想象放松。管理者应该教导下属成为一个想象丰富的人，想象自己的成功固然重要，在繁重的工作中还应该想象自己的轻松。通过短时间的想象，往往能够迅速放松自己的心情，恢复精力。

（3）运动消气。现在有一种新兴的行业：运动消气中心。在中心有专业教练指导，教人们如何大喊大叫、扭毛巾、打枕头等，或者做一种运动量颇大的减压消气操。在这些运动中心，上下左右皆铺满了海绵，任人摸爬滚打。下属在工作中积累的负面情绪应该早消，而不应该积累起来，这样很容易使下属在工作中受挫。

5. 赋予员工职业道德

道德是依靠人们内心的信念、社会舆论、传统习惯以及各种形式的教育力量，以善和恶、正与邪等为标准去评价人们的各种行为，以调整人与人之间以及人与社会之间的关系，并指导人们的行为符合社会规范。

职业道德是指从事一定职业的人在工作和劳动过程中所必须遵循的行为规范。职业道德是社会道德的特殊形式。职业道德的内涵具体包括以下几个方面：一是职业道德是一种长期以来自然形成的职业规范，受社会普遍的认可；二是职业道德没有确定形式，它依靠文化、内心信念和习惯，通过下属的自我约束和自律来实现；三是职业道德的主要内容是对下属义务的要求，它和一般意义上的道德一样，没有约束力和强制力；四是不同企业具有不同的价值观，因此有不同的职业道德，职业道德往往承载着企业文化和凝聚力。

职业道德是管理者为下属提出的道德要求，它要求下属具有与职业相适应的道德素质，以此来实现调整工作关系的目的，创建一种和谐而稳定的工作关系，并不断地优化工作系统，提高工作效率。

职业道德管理虽然同企业的规章制度同属于企业管理的范畴，但是二者是有相当大的区别的。具体表现在：一是职业道德的实行来自下属的自我约束，没有企业统一的约束力，没有强制性；而规章制度的执行来自企业统一的约束，有强制性。二是职业道德虽然追求稳定，但实质是处在不断变化之中，职业道德的刚性不强，柔性比较突出；而规章制度要求平衡各种利益，保持相对稳定，因此刚性比较突出。三是职业道德并不是最基本的行为准则，对于企业来说，最基本的行为准则只能是企业的规章制度。

6. 知识型下属需要特别的管理方式

如今的时代是知识经济的时代，管理者在进行管理的过程中，要注意管理好知识型下属。对于管理者来说，管理好知识型下属就必须做好以下两个方面的工作。

一是建立企业与知识型下属的战略合作伙伴关系。管理者需要对知识型下属在企业中的身份和地位进行重新认识，这是知识经济时代实施以人为本企业文化的基本前提。知识经济时代的企业应将下属视为企业的战略伙伴，而不仅仅是一个服从企业管理制度的工人。作为企业的战略伙伴，知识型下属应与管理者共同参与企业经营的决策，这既是企业给予下属的尊重，也更能提高下属的士气。在报酬方面，知识型下属一方面获得工资报酬，另一方面还作为财富创造者，与出资人、经营者共同分享企业的成功。

二是为知识型下属的创造力营造空间。管理者必须从以下三个方面来激发知识型下属的创造力：首先是激情激励。创造性的动力更多的来自下属的创新激情，这种创造性的激情一旦被鼓励、支持、理解，将发挥巨大的能量。因为创新性活动是一项耗费精力且带有风险的活动，常常要面临巨大的困难，给予创新人员的精神鼓励是十分必要的。其次是允许失败。从事创造性的工作常常与失败是紧密相连的，允许失败是对下属激励的一个关键。这就需要企业首先在观念上有重大的改变，即从以人为本的角度来看待创新失败，把创新失败看作是企业对人才发展的投资。最后是建立与知识型下属特点相吻合的考评制度。对知识型下属的个人成就和业绩的评价如按传统的考核和激励方式显然不合适，一项技术或思想创新不是靠计件或计时能够衡量的。针对知识型下属而建立新的考核制度，需要充分考虑知识型下属的特点。

7. 将个人英雄主义融入团队意识之中

团队意识和个人英雄主义在管理中虽然是一对矛盾体，但在成功的团队管理中必须兼具两者，缺一不可。团队意识的强弱决定团队整体战斗力。管理工作是一个系统而整体的工作，光靠几个人或单方面的工作是不可能完成的，在现代团队管理理论中也强调充分利用各种资源，实现最佳组合，以形成最大的竞争力。所以加强团队意识的培养是提高管理队伍战斗力的重要前提。

市场环境瞬息万变，因而管理工作战略和战术也是动态的，需要根据环境的变化而随时调整。所以管理是一项无固定模式、需要充分发挥创造性思维、不断创新的工作。而个人英雄主义的强弱则在一定程度上决定了团队下属工作的主动性和创造性，也在很大程度上影响了团队的整体创新能力和工作质量。加强管理者团队意识的培养，并正确引导团队成员充分发挥个人英雄主义是搞好管理工作的基础。

这就要求管理者必须做到在管理队伍的成员中牢固树立团队利益至上的思想。要加强对下属的宣传和教育，尤其是在下属的培训中，要重复灌输团队利益至上的思想，只有整个团队业绩提高了，自己的才能才会得到最大限度的发挥，人生价值才能得到最大限度的实现；在日常管理工作中，管理者要心胸开阔，公平公正，无私奉献，为人师表，身先士卒；要不断加强成员之间的沟通与合作，强调整体作战的重要性，充分整合各种资源，充分发挥每个成员的才能；要让每个下属都充分认识到自己离不开团队，团队离不开自己，不断增强成员的责任感和使命感，进而不断提高成员的团队意识，形成强大的凝聚力和战斗力，形成一种和谐的企业文化。

任何时候，团队利益是至高无上的，但是这并不代表管理者在引导下属维护团队利益的时候不能鼓励下属发扬个人英雄主义。管理者必须正确引导成员发扬个人英雄主义，要让下属真正理解个人英雄主义的内涵和实质。在工作中要合理授权，给下属更多自由发挥自己主观能动性的机会；对工作中遇到的难题要集思广益，积极征求下属的意见，充分发挥下属的创造性思维，在工作上不断创新和提高；要让下属在遇到困难时放弃等、靠、要的依赖思想，充分发挥主观能动性，创造性地开展工作。通过个人英雄主义的有效发挥，可以提高下属的竞争意识，提高下属的个人综合素质，这样也能使团队的战斗力大大增强。

但是在发扬个人英雄主义的时候，管理者必须牢牢把握个人英雄主义永远服从于整个管理队伍的利益。团队意识和个人英雄主义在特定的条件下同时存在必然会产生一定的冲突和矛盾，如果处理不当，势必会影响团队的整体战斗力。根据团队利益至上的原则，个人英雄主义必须永远服从于整个队伍的利益，必须在维护队伍整体利益的前提下，发扬个人英雄主义。同时也必须注意，不能过分压制个人英雄主义的发扬，否则团队会缺乏创新力，跟不上市场形势的发展。当然也不能过分强调个人英雄主义，过分强调就会形成下属之间缺乏合作精神，各自为政，目标各异，个人利益就会占据上风，管理队伍的整体利益会被淡化。

总之，作为团队领路人的管理者必须在完成总体计划的指导下，充分发挥团队的整体作用，同时也不要忽视了团队成员的个人英雄主义。一切的做法都是为了团队总体目标的实现。

8. 有标准，才会有前进的动力

管理者在对下属进行引导的时候必须确定价值标准。考核和奖励是确定价值标准的重要方式，考核和奖励重要的原因主要有两个：首先对于企业来说，如何考核下属业绩，奖励谁、惩罚谁，关系到如何向下属昭示企业的价值标准，关系到企业今后的发展方向，毫无疑问至关重要；对于下属来说，企业如何评价自己，奖励谁、惩罚谁，关系到每个人的切身利益，关系到自身价值是否得到充分肯定，甚至关系到自身的去留，毫无疑问也是至关重要。其次是如何客观、公正、科学地考核和评价下属，以及对下属进行赏罚，本身是一个很难解决的问题，因此值得研究。

当今许多企业、组织，无论管理者如何使出“浑身解数”，企业、组织的效率还是无法提高太多，下属仍是无精打采，整个企业、组织就像一台生锈的机器，运转起来就会产生各种各样的问题。有一本叫《世界上最伟大的管理原则》的书中记载了这样一个道理：当今许多企业、组织之所以无效率、无生气，归根到底是由于它们的下属考核体系、奖罚制度出了毛病。因此对于今天的组织来说，其成功的最大障碍，就是我们所要的行为和我们所奖励的行为之间有一大段距离。

其实管理的精髓就是这样一条最简单明白、却往往被人遗忘的道理：你想要什么，就该奖励什么。中国古人早就发现：上有所好，下必甚之。作为一个管理者，你奖励什么，惩罚什么，无疑就是向世人昭示你的价值标准，下属只有认同你的价值标准，努力做你希望他做的事，成为你所希望他成为的那种人，你才能达到管理的目标。

9. 赋能员工把握主动的权力

管理者要学会让下属把握主动。很多管理者认为下属只需要服从管理者的命令，而不需要在工作中太有思想。这种做法是将下属假设为“经纪人”。所谓经纪人，是指下属是一群无组织的个人，他们在思想上、行动上力争获得个人利益，追求最大限度的经济收入。经济人的假设是泰罗科学管理理论的基础，基于这种认识，工人被安排去从事固定的、枯燥的和过分简单的工作，成了“活机器”。从 20 世纪 20 年代美国推行科学管理的实践来看，泰罗管理制在使生产率大幅度提高的同时，也使工人的劳动变得异常紧张、单调和劳累，因而引起了工人的强烈不满，并导致工人的怠工、罢工以及劳资关系日益紧张等事件的出现。

美国行为科学家梅奥在美国西方电器公司霍桑工厂进行了长达九年的实验研究（即著名的霍桑实验），提出了人际关系学说。人际关系学说否定了传统管理理论对于人的假设，表明了下属不是被动、孤立的个体，他们的行为不仅仅受工资的刺激，影响生产效率的最重要因素不是待遇和工作条件，而是工作中的人际关系。

下属的行为并不单纯出自追求金钱的动机，还有社会和心理方面的需要，即追求人与人之间的友情，追求安全感、归属感，渴望受人尊敬等，而后者更为重要。因此，不能单纯从技术和物质条件着眼，而必须首先从社会心理方面考虑合理的组织与管理。企业中除了存在着古典管理理论所研究的为了实现企业目标而明确规定各成员相互关系和职责范围的正式组织之外，还需要存在非正式组织。这种非正式组织的作用在于维护其成员的共同利益，使之免受因其内部个别成员的疏忽或外部人员的干涉所造成的损失。

赋能沟通，引发下属的智慧

在对员工进行赋能放权时，同时需要强调的是，简单的放松控制是危险的，要想进行赋能，获得权力的人则必须拥有相应的视野和知识，并在此基础上采取明智的行动，尽量打破团队间、个人间的信息不对称。

赋能沟通不是上传下达

沟通现已引起企业界的高度重视，既要重视外部的沟通，又要重视与内部下属的沟通，沟通才有凝聚力。而怎样才能使沟通畅通无阻，发挥沟通的最大效能，是每个企业家应该思考和解决的问题，因此说沟通也是一个需要经营的过程。

对于企业管理者来说，要尽可能地与下属进行交流，使下属能够及时了解管理者的所思所想，领会下属的所思所想，明确责权赏罚；而平级之间及下属与上级之间的沟通则可以消除彼此之间的误解，或者了解彼此心中的真实意图，使团队在工作中发挥出更大的效能。

不重视沟通，是企业管理人员经常犯的一个错误。企业管理人员之所以犯这个错误，是因为他们受等级观念影响太深，认为管理者与被管理者之间不能有太多的平等，没有必要告之被管理者做事的理由。许多企业管理问题多是由于沟通不畅引起的。良好的沟通，可以使人际关系和谐，可以顺利完成工作任务，达成绩效目标。沟通不良会导致生产力、品质与服务不佳，使得成本增加。

美国石油大王洛克菲勒说："假如人际沟通能力也是同糖或咖啡一样的商品的话，我愿意付出比太阳底下任何东西都贵的价格购买这种能力。"由此可见沟通的重要性——成功者都是懂人际沟通、珍视人际沟通的人。

多年来，我国许多企业往往采取单向、垂直的沟通模式，即从上到下、一层一层地向下传递信息，缺乏回路。在绝大部分情况下，企业的沟通多数是通过企业领导的命令、企业的文件、报告会来实现的。然而这种单向沟通是有很大风险的，因为在单向沟通的过程中，信息往往会迅速地被衰减和扭曲。这种单向沟通模式必须向双向360度的沟通模式转变。

某企业经理告诉其秘书：查一查我们有多少人在上海工作，星期三的会议上董事长会问到这一情况，我希望准备得详细一点。公司的秘书打电话告诉上海分公司的秘书：董事长要一份在你们公司所有工作人员的名单和档案，请准备一下，我们在两天内需要。分公司的秘书又告诉其经理：董事长要一份我们公司所有工作人员的名单和档案，可能还需要其他材料，需要准备一下尽快送到。结果第二天早晨，四大箱航空邮件到了公司大楼。

企业的沟通误差存在着潜在的破坏因素，它像一张无形的大网，有时甚至会引发极端事件。

从管理的功能上来讲，沟通更是管理的主要方法和途径。没有沟通，就没有组织；没有沟通，就没有领导；没有沟通，不会有信息的掌握和及时反馈，也就没有控制。有关研究表明：管理中70%的错误是由于不善于沟通造成的。管理离不开沟通，沟通渗透于管理的各个方面，管理的过程其实质就是沟通的过程。在现代信息经济时代背景下，沟通在企业管理中越来越彰显其重要性。

可以这么说，良好的沟通会带来意想不到的效果，会皆大欢喜，而错误的沟通会导致一些灾难性的后果。

西雅图波音公司一个部门经理有一次大发雷霆，原来是他看到一份报告上有一个错字，那是个拼写错误，有人把Believe写成了Beleive。他叫来了那个写错字的工程师。整个走廊都听得见部门经理的声音："你连这么点错误都要犯，你到底读过书没有？E怎么可能在I的前面，记住，I永远在E的前面。"

可是，没过几天，那位部门经理又发现了同样的拼写错误，而且又是出自同一人之手。这次，部门经理被彻底地激怒了，他叫来了那个“屡教不改”的工程师，怒不可遏地冲他咆哮道：“你的耳朵长在头上了吗？为什么我说了，你却不听？”工程师二话没说，随手从桌上拿起一份文件，把上面的 Boeing 字样一笔勾去，写成了 Boieng。

这个不愉快的结局是由于这位经理的沟通不畅引起的，如果他当时不那么气愤，而且采用一种心平气和的态度，可能就是另一种结果了。因此，对于管理者来说，沟通更重要，这个沟通的效果不仅影响自己，也会影响下属，影响整个部门的业绩。

沟通的过程必须由一些要素组成，沟通过程有失败与成功之分。沟通是管理的重要环节之一，但往往会有诸多因素成为沟通的障碍，使沟通变得无效。

企业管理者 70% 的时间是用在沟通上，但是企业中 70% 的问题是由于沟通障碍引起的。因人际沟通不良而导致工作不称职者占据了企业下属的 82%。沟通能力已成为现代社会职业人士的一项重要技能。

企业内部沟通根据传播的方向可分为下行沟通、上行沟通、平行沟通，根据传播媒介可分为语言沟通和非语言沟通。但在具体工作中不少人只把“沟通”理解为有声的语言沟通，这就大错特错了。其实在企业的运作中，我们无时无刻不进行着各种形式的信息交流，这种交流就是沟通，只不过我们对沟通没有正确的认识罢了。

在企业运作的过程中，部门之间、人与人之间都要进行沟通，主要目的是解决事情，如果在沟通的过程中过于急躁，沟通就会成为泡影。

领导与下属之间相互沟通并不是一件容易的事，往往存在一定的误区，所以有效沟通需要一个传达、倾听、反馈的过程，三个环节缺一不可。

积极沟通，为爱赋能

企业中的沟通是必需的，沟通的目的是要保持信息的通畅，而用心沟通不仅会很容易达到这一目的，在很大程度上也可以让下属拥有良好的心态。

而有的管理人员主观武断，他们不懂得上下级之间要经常进行沟通，不懂得如果下级的意见和建议受到忽视、冷漠，就会挫伤他们的积极性和对企业的责任感，下级就会消极、沉闷下去，出现下级“没胆向上沟通”的局面，这样的话，一旦企业发生什么紧急情况，需要全体下属出主意、想办法、共渡难关时，下属就会无动于衷，不会有任何的热情和积极性。

一位管理顾问薛尔曼受聘进入当地工厂调查。他的调查结果显示：下属们对管理层、工会缺乏信任，下属彼此间也是如此。公司内的沟通渠道全都堵塞，下属们对基层领班更是极度不满，其中包含了作风偏激、言语辱骂、不关心下属的情绪等问题。通过倾听下属的心声，认清问题所在，薛尔曼开始实施一套全面的沟通措施。所以管理者在进行沟通时，应该不带成见地听取意见，鼓励下属充分阐明自己的见解，这样才能做到思想和感情上的真正沟通，才能接收到全面可靠的情报，从而做出明智的判断与决策。用感情来打动下属往往能得到金钱所不能达到的效果。用情感方式激励下属是对传统物质激励所存在的弊端的一种弥补，它能使激励手段更完善，效果更明显。

1978 年的斯特松公司情况非常糟糕：产量低，品质差，劳资关系极度紧张。但在有所觉悟的管理层的支持下，竟在4个月内，不但下属憎恨责难的心态瓦解，同时他们也开始展现出团队精神，生产能力也有所提高。感恩节前夕，薛尔曼和公司的最高主管赠送火鸡给全体下属，隔天收到下属回赠的像一张报纸那么大的签名谢卡，上面写着：谢谢把我们当人看。

企业管理人员与下属之间的亲密感只能建立在相互尊重、互相理解的基础上。管理者与被管理者只有设身处地接纳对方的思维，才能理解对方的行为，沟通才可以有效，误会才可能减少，关系才会密切。

微软之所以能发展到今天，就是用了情感激励法，诚恳地把心意表达出来。他们在某个时候会放弃一些业务，但他们从不放弃凝聚全球的下属，在沟通上做得非常好，令下属感到彼此之间像朋友。公司总裁每周都会发一封信给下属，他不是以高高在上的口气与下属对话，在信中他一再提出希望下属关心家庭等。

人都是有着丰富感情生活的高级生命形式，情绪、情感是人精神生活的核心成分。有效的管理就是最大限度地影响追随者的思想、感情乃至行为。作为管理者，仅仅依靠一些物质手段激励下属，而不着眼于下属的感情生活，那是不够的，与下属进行思想沟通与情感交流是非常必要的。

沃尔玛的创始人山姆·沃尔顿认为，什么都可以授权，唯有沟通必须亲力亲为。山姆·沃尔顿绝对不能容忍任何一位经理不尊重自己店里的下属，如果在与下属的沟通中，他要是得知有这种现象存在，或是亲眼所见，就会立即召集管理层加以解决。因此，沃尔玛公司里的许多下属都很尊敬他，也喜欢与他交谈，把自己的问题向他倾诉。

有一次，山姆·沃尔顿去阿肯色州罗杰斯的沃尔玛1号分店参观，总经理安迪·西姆斯说：“当我们期盼董事长来分店参观时，就像等待一位伟大的运动员、电影明星一样。”然而，山姆·沃尔顿并不像想象中的那样威严，使人难以接近，相反，他一走进分店，下属们原先那种敬畏的心理立即就被一种亲密感所取代。他以自己的平易近人把笼罩在他身上的那种传奇和神秘色彩一扫而光。他会问员工一些最令人感到亲切的问题，比如“你需要什么”“你最关心什么”之类。

因此，管理者要想真正获得下属的心，让其对自己产生感激之情，心甘情愿地为自己工作，只有用情感进行沟通，让大家在心理上能愉快地接受你，才能收到事半功倍的效果。

许多管理者喜欢高高在上，缺乏主动与部属沟通的意识。凡事喜欢下命令，忽视沟通管理。

在一家公司内，总经理交代综合办公室一项任务：买草，买土，将厂区一片荒地绿化起来。而时间过去很久，事情却迟迟没有到位，总经理心里不免恼火：“交代下去的事情，怎么这么难办？”综合办公室主任回答：“一是过了长草的季节，再则花费太大。”总经理不满：“我是老板，我要求做的事情，自然有我的道理。”办公室主任也振振有词：“我是具体办事的，该不该做，能不能做，心里自然有数。”一时上下都怨气冲天，关系陷入僵局。

沟通是很多职业经理人的短板，不仅缺乏沟通能力，并且缺乏沟通的意愿和热情，不知道沟通是管理者的核心使命和职责之一，且更习惯于事后沟通而不是事先沟通。

作为一个管理者，应该随时关注自己的下属和下属之间有无沟通障碍，一旦发现有冲突或者潜在问题，应该及时主动地去协调解决。只有这样，才能实现有效沟通，达到内部和谐。

有一家企业采购部门的秘书接受了上司布置的一项任务——对供应商的资料进行分类整理。秘书辛辛苦苦工作，尽快把资料整理好交到了上司手上。她原本以为上司会对她有效率的工作表示赞扬，没想到，上司看后却皱起眉头，连呼“不对”。原来，上司希望资料按照材料类型分类整理，而这位秘书却是按照地区进行分类整理的。

上司指责秘书没有理解他的意图，秘书争辩说：“你没有告诉我应该怎么做，以前都是这样处理的，我没有做错。”上司回答说：“这次的情况不同，怎么能按照常规处理？如果什么事情都要别人告诉你你才会做，我不需要这样的助手。”

一个管理者，要考虑以什么方式进行沟通，使沟通的双方相互理解、相互信任、相互认同。而许多管理者习惯于高高在上，对下属指手画脚，这不仅不能够赢得下属的尊重，反而会增加他们的反感。要想获得下属信任，管理者首先要以开诚布公的态度对待下属，尊重下属的意见与想法，在实事求是的基础上进行平等的沟通。如果是自己的不对，就要勇于认错，固执己见只会让下属失去信心，对你不再说真话，敬而远之。

管理者以真挚的情感，增强管理者与下属之间的情感联系和思想沟通，满足下属的心理需求，可以最大限度地影响被管理者的情绪、情感，努力增强情绪、情感对组织的积极影响，进而提高工作效率和效果，才能促进组织目标尽快实现。所以，关心下属要全方位的，必须是管理者想下属之所想，急下属之所急，切实解决他们在生活、工作、学习中的困难和细节问题，解决他们的后顾之忧，这是很强的感情投资。

松下公司就非常重视下属的心理健康。为了消除内耗，减轻下属精神压力，松下公司公共关系部专门开辟了一间“出气室”，里面摆着公司大大小小行政人员与管理人员的橡皮塑像，旁边还放上几根木棒、铁棍，假如哪位职工对自己某位主管不满，心有怨气，可以随时来这里，对着他的塑像拳脚相加、棒打一顿，以解心中积郁的闷气。过后，有关人员还会找他谈心聊天，沟通思想，给他解惑指点。这些做法使下属拥有了健康的心理、快乐的情绪和积极热情的工作态度，进而使他们能够再次全身心地投入到工作中去。

许多管理者对事情可以做到用心参与、用心体验，具有良好的做事心态，比如为了一项工程或其他的工作，守在工地上，整夜不合眼，甚至几天不回家；但对人，却很难做到用心接纳、用心赏识。

对下属来讲，管理者与他们沟通，是关心他们、信任他们的表现，也是他们了解企业、认同企业文化、获得工作信息的主要渠道。在沟通的过程中，下属提高了理论水平和策略水平，进而养成独立工作的能力，同时也满足了他们社交的需要，无形中拉近了管理者与下属的距离，加深了他们的友谊。另外，通过交流沟通，一方面，让下属意识到管理层乐于倾听他们的意见，他们所做的一切都在被关注，使每个下属都有参与和发展的机会，从而增强管理者和下属之间的相互理解、相互尊重和感情交流。另一方面，通过交流沟通使管理者了解下属的内心，知道下属注重的是什么，关心的是什么，需要的是什么，并尽量帮助下属解决问题，满足下属的需要，争取下属的信任。让下属体会到管理者的真诚，实现以情感人的第一步。

作为一个管理者，必须了解下属的心理需求，了解他们的性格、爱好、沟通方式与情感表达方式，只有了解他们这些隐藏在内心的需求，才可以真正做到有的放矢，达到情感激励的目的，为管理工作锦上添花。

高效对话赋能智慧

美国领导力中心及哈佛商学院的研究表明，对于管理者来说，最重要但同时也最缺乏的能力之一是高效对话的能力。高效对话能引发被赋能者的智慧，发现未知的答案或解决方案。管理者可以通过一系列高效对话技巧，增强对话的效果。

如何才能不依靠增加货币资本的投入，而是通过高效对话提高企业的竞争核心力。高效对话的过程就是让下属的智慧浮现出来的过程，但目前管理者的普遍现状却是：70% 的企业管理者不知道如何对话才有效；80% 的管理者不会聆听；90% 的管理者发问没有架构。怎样才能做到高效对话？

1. 发现性对话

发现什么？当然是“新”，确切地讲，是有新的发现。作为管理者，你要学会观察下属在哪个层面上思考。

第一层面：如果下属说话滔滔不绝，非常流利，好像没有经过思考就直接说出来了，而且往往说得特别多，甚至在漫无边际地说。在这个层面，对于管理者来讲并不是好事，因为一般不会有新发现。

第二层面：如果下属说话比较慢，有时会吞吞吐吐，甚至边想边说或者边说边想，似乎有些话不愿意说出来，或者压根儿不了解这个问题。这种情况下，管理者就可以激发下属的求知欲，引发下属学习的欲望。

第三层面：如果下属说话会有停顿，但是一会儿又接着说，并伴随着边分析边思考，思路整体来讲比较流利，你可以感受到下属内心的兴奋，他会告诉你：他从来没有像今天这样思考这么多；许多方面自己从来就没想过；许多看似很难的问题自己都可以找到解决方法；真没想到原来自己这么有智慧。在这个层面，管理者要充分发挥下属个性化的优势，引发他们的智慧。

第四层面：如果下属说话会有长时间停顿，但下属的思考并没有停止，下属的眼睛会看着问题而进入长长的思考，你可以感受到下属在思考中的冲突。此时，最需要的就是管理者的忍耐，千万不要去打断他们的思考，你只需要默默地关注着他们就可以，给予他们充分的思考时间。在这个层面，下属不说话不一定是坏事，关键是他们在积极地思考。经过长长的深度思考，他们可能会在发现答案时激动得跳起来，这也是管理者最有价值的时刻！

2. 扩展性对话

什么叫扩展？扩展就是发现可能。通过你的对话，下属在向未来探索的时候，他会发现解决这个问题有更多的可能性，他们就有选择的余地。扩展性对话的要点在哪里？

如果说发现性对话是纵向坐标强调深度，那么扩展性对话就是横向坐标强调广度。管理者通过与下属的对话让其看到更多的可能性，其要点为：如何让下属看到他承担的责任？如何让下属看到新领域、新方法、新需求？如何让下属看到边界及限制？

如果你是公司的董事长，年度计划会上，总经理向你报告了下一年公司的年度利润目标是 1000 万元，而董事会期望的目标是 1500 万元。当你向总经理讲出董事会期望的目标后，总经理马上说："这不可能！"如果你是这位董事长，接下来你会怎么做？如果董事长作为管理者，在此时关键的就是要让总经理看到目标是 1500 万元的可能性在哪里。董事长可以尝试这么问：

（1）你是怎么知道的？（让总经理看到他承担的责任，有什么数据支持）

（2）是什么令你认为这不可能呢？

（3）什么限制我们实现1500万元利润？（让总经理看到边界及限制）

（4）需要什么可以使你能够做到这一点？

（5）怎么做才能实现1500万元利润？（让总经理看到新的可能性）

管理者最大的价值就是让下属看到未来的可能性。

3. 动力的对话

你跟下属对话的时候要有动力，通过你的对话，下属变得主动兴奋，下属愿意主动去做，但这种兴奋不是那种非理性的状态，而是恰到好处的正常理性的状态。下属在什么样的情况才具有动力？

关键是让下属能够知道自己的表现、目前的工作绩效，在与下属对话时必须做到：第一步，明确对下属的要求；第二步，准确向下属传达期望；第三步，积极对待下属的反馈，创造一个反馈系统，运作于下属和他的工作之间，从而不需要通过管理者，下属就可以知道自己的表现。

伸手便能摘取桃子，下属会没有动力；跳起来摘不到桃子，会伤害下属的动力；只有跳起来摘到桃子，才能提升下属的动力。有动力的对话就是让下属厘清和发现自我的表现，从而不断提升自己的表现。

综上所述，高效对话包含两个重点：

其一，什么叫有效？有效就是你的问话要能够穿透下属的演绎而让他们看到事实、看到真相，当下属看清事实，就自然会解决这个问题，有时下属看不到事实是因为演绎得非常多，就像飞机在一万米高空，隔着厚厚的云层，你知道下面是哪个城市吗？假如不知道，只有飞机下降后才会知道。

其二，什么叫对话？平等。通过你的对话，下属有新的思考、发现更多的可能性并愿意比原来表现更好，从而引发下属的智慧。

通过高效对话，管理者就可以得到很有价值的观点。通过高效对话，双方将想法准确、恰当地表达出来，以促使下属乐意接受，达成共赢。

认知赋能增强目标感

在进入新知识经济时代，管理者都面临着两种重要的挑战：决策困境和执行困境。而沟通不仅仅是决策的前提，更是执行的有力保证。要真正提升高效对话能力，管理者必须具备两种关键的认知能力：醒觉能力与直觉能力，才能实现高效沟通，从而引发下属的责任感和自我承诺，让下属的价值最大化。

1. 醒觉能力

如果管理者在沟通过程中能够觉察、理解和适应他人的情感、需求、态度和意图，便是具备了沟通的醒觉能力，从而更好地调整自己的言辞和行为以促进有效的沟通和协作。

俄亥俄州立大学费希尔商学院的教授保罗·纳特，曾经研究人们的决定与结果之间的关系。经过 19 年的跟踪记录，统计了 356 个不同公司的决策者们做出决策的成功率，他发现：50% 以上的决策失败了。这些决策或被很快放弃，或只实施了一部分，或从来没有被采纳。

调查研究的结果显示：有将近 2/3 的决策者一旦拿定主意，就不愿意考虑是否还有其他选择，就把方案提交给高层管理者。如果有人给他们提了建议，他们只会更加固执己见。这些决策中的 60% 或者被放弃，或者只用到一部分，或者完全失败。81% 的决策者通过说服和命令推行他们的决定。说服和命令的失败比率分别是 53% 和 65%。失败的原因不仅仅是决策缺乏充分的思考，还因为人们痛恨独裁、命令式的管理方式（即使决策中有好的、可取的一面）。

只有 7% 的决策，是从影响决策的五个元素入手，深入、客观、真实探究清楚后做出的。惊讶吗？如果有人问你，你的经营决策有多少失败了？有多少没能理想地达到预期的目标？你的提案有多少搁浅了？你的回答会是“一半”吗？

在快速变化的商业竞争中，现代企业管理者的一个最重要也是最缺乏的能力是醒觉能力，即能够醒觉到“只有正确的行动，才会有正确的结果”，困难的是，怎样在行动之前知晓什么样的行动才是正确的行动呢？

现在，需要管理者自问：我通常是怎样决策的？在决策时我会考虑哪些元素？我是怎样考虑的？这些元素为何重要？我知道如果影响决策的这些元素都正确了，那决策一定是正确的，但怎样在未行动之前预知这些元素的正确呢？在过去一年的时间里，我做过哪些决定现在看来是成功的？而哪些决定现在看来是失败的呢？我真的知道正确决策必须考虑的五个元素吗？我明白在决策时对这些元素的思考顺序吗？我知道我的决策中每一个元素的正确原因吗？

通过赋能沟通的醒觉能力，个人或团队能够更加灵活地适应各种沟通情境，提高沟通的效率和质量，从而增强团队合作能力，推动组织的发展和创新。

2. 直觉能力

直觉是人心灵深处的宝藏，是一种心理赋能，这种能量与潜意识高度相关。直觉能力是基于个人的经验、直觉和感觉，对情境和问题做出迅速、直观的理解和反应，是在没有明确推理或逻辑过程的情况下，通过直觉或感知来做出决策或行动的能力。

在人类文明的历史长河中，古希腊罗马时期的思想十分活跃，当时逻辑思维的代表人物是亚里士多德，而直觉思维的代表人物是苏格拉底，逻辑思维的前提为凡事都是由过去推理而来，没有答案，答案是由人们从过去已知的经过理性分析、逻辑推理而来；直觉思维的前提是凡事皆有答案，人们只需在未来与之对话，从而引发智慧，让答案自己浮现出来。

那么，管理者就是要相信每一位下属都是充满智慧的，问题的答案早已在他们的心中，管理者存在的价值就是如何让下属的智慧浮现出来，这与苏格拉底的直觉思维不谋而合。

由于我们从小到大更多是在开发左脑，学校里更多是逻辑思维的训练，这使得我们更加习惯于理性分析、逻辑推理，直觉思维反而成为弱项，管理者需要更多的直觉思维能力，这就需要更多的直觉能力训练。那么，如何训练管理者的直觉思维能力？

首先，我们先看看什么是直觉？直觉是一种内在的教导。直觉是如何表现出来的呢？曾有过这么一个故事：

一个体育世家，儿子注意到父亲逐渐变老了，于是要求他父亲教他越野跑的技巧，使他能够在父亲退休后继承家业。父亲同意了。

第二天，他们来到野外，才刚起跑，不巧就有一只野猪闯入了他们的视野，野猪横冲直撞地追着父子俩，父亲看到此情形，立刻发挥自己高超的越野技巧翻越石头、灌木丛等各种障碍逃脱了野猪的追击。儿子却始终无法克服自己的恐惧心理，他的理性告诉他凭借自己现在的能力无法翻越这些障碍，因此只能沿着大路持续奔跑，但这样就始终无法摆脱野猪的追逐。

男孩想向父亲寻求帮助，却发现父亲早已没了踪迹。不得已，男孩只能奋力奔跑，以图摆脱野猪的追逐。随着时间的流逝，他逐渐感到自己体力不济，野猪逐渐和他拉近了距离，就在这千钧一发之际，他好像激发了自己的身体本能，勇敢地冲进了前方的一片丛林，并且依靠直觉翻越了丛林中的各种障碍，终于摆脱了野猪的追逐。

当男孩回到家的时候，对父亲感到非常生气，他想质问父亲为何在如此危机的时刻抛弃了他，并且向父亲诉说自己的经历。但父亲却说："不用费心告诉我细节，你现在出现在这里，就表示你已经掌握了越野跑的技巧。"

从此故事可以看出，当所有的逻辑分析、推理都停止的时候，直觉就表现出来了。管理者就是要停止一切的分析和判断，仅仅留下直觉。

但是，管理者如何才能停止一切的分析和判断？这里的关键点是什么？

管理者的专业性首先体现在与下属的关系上，管理者的知识与经验往往会阻隔与下属之间的交流，管理者最难放弃的就是自己的知识与经验，所以，管理者的知识与经验会与下属产生距离。这里的关键点是，当管理者愿意放弃自己的知识与经验的时候，自然也就停止了分析和判断，这样一来，下属就会真正体会到管理者的支持与关注，而不是经验与结论。

3. 从醒觉到直觉

任何技能的掌握，都是一个从醒觉到直觉的过程。例如，会开车的朋友，在学开车时从理论学习到教练指导再到路试，这就是一个醒觉的过程；当你现在开车在路上遇到紧急状态，你靠的是什么？直觉。

那么，高效对话如何从醒觉到直觉？

第一，管理者要提出模式、架构，有架构、有方向性地对话，这是一个醒觉的过程，而技术架构是跳跃性的，"跳"和"跃"不断转换与实践，就形成直觉能力。

第二，管理者要坚信自己是无问题、无答案，问题与答案都在下属的心中。每个人都拥有自己的过去、现在和未来，过去是我们的本能，非常的古老、固定，经过数百万年进化而来，正确而成熟，就如你的眨眼、心跳及呼吸，所以过去是无问题、有答案；现在是我们的智力，智力是会出错的，因为它是新的、最近才产生的，智力是盲目的，不能完全准确地去处理新的东西，总是以旧的答案来回答新的问题，所以现在是有问题、无答案；未来是我们的直觉，在直觉的领域是无问题、无答案，问题与答案在哪里？在下属的心中。

精准赋能授权，释放权力

通过给予下属自主决策的机会，使其参与决策过程，并为其提供充分的支持和资源，我们可以激发下属的创造力和工作激情。管理者需要懂得如何分权，让员工分享权力、承担责任和调动资源。授权并非把责任推卸给他人，而是注重结果，将任务委派给最能直接影响结果的人。授权赋能意味着对细节的全面把控和直接的决策思考，既要能做到准确授权，又能保持良好的秩序。

权授得好，公司收益越大

现代企业管理中，首先是确定目标，且对目标的完成很重要，至于下属用什么方法解决，不要探究其过程。领导者不可能事事关心，对一些细小的事情，完全可以不管，要求属下去完成，只要有一个很好的结果，这就达到了管理的目的。

在一个畜栏里，绵羊、山羊和小猪被关在了一起。有一天，主人捉住了小猪，小猪拼命地挣扎，并且大声地嚎叫，吵得绵羊和山羊很不耐烦。于是它们俩议论："主人经常捉我们，我们从不叫，小猪未免太小题大做了吧！"小猪听了，一边挣扎一边回答："这根本是两码事，他抓你们只是为了剪羊毛、挤羊奶，可是抓住我，却是想要我的命啊！"

事不关己，自然无关痛痒。即使是类似的经历，对于处于不同立场、不同情况的人来说，结果也是不一样的。例如一次创伤，对于老人、儿童来说，很可能是致命的，而对于年轻人，也许很快就能康复，无关大碍。所以得出这样一个结论：对待别人的不幸，要多一分关心和理解、同情，而不是冷漠或者幸灾乐祸。

英特尔前总裁葛洛夫在公司提出"结果导向"，所谓的"结果导向"，就是设定可评量的目标，依设定的时间表提出阶段性的成果。葛洛夫不仅要求英特尔的每一位成员严守这项务实的原则，对他自己要求得更为严格。他曾写过一本书《高效率管理》，主要就是在讨论如何令组织达成可预期的目标。

我们相信，这种以结果为导向的思考模式让英特尔务实而创新，无论在产品、制程或是服务，都能为客户带来最大的利益。创新的想法，往往在设定目标的过程中产生。

结果导向意味着英特尔所肯定的价值在于积极的目标、具体的结论与成果。要让每个人了解团队的方向，必须设定高目标，还要以量化的手法，务实地制订能够展现进度和成果的指标，这样一来，每个人就能站在自己的岗位尽一己之力。英特尔是以“计划式管理”来推动结果导向的理念。每一个事业部、每一个部门以至于每一个人，都必须为自己设定一季的目标，并且为完成度设立具体的标的，所有的目标设定都以公司的方向为指导原则。每一季结束之时，每个人为自己的成果评分。同时，也经由相同的步骤设定下一季的目标。

为了使所有的人了解公司的方向，每一季英特尔都为所有的下属举行公司的营运会议。在会议中，英特尔公布公司营运以及市场上的竞争状况，还有当季事业计划的完成度等。英特尔也在会中讨论公司下一季的主要目标。这样的会议无非希望每个人不致受限于自己的工作范围，而能够着眼公司整体的状况，并对未来的方向有一致的步伐。如此一来，才有可能凝聚每一分力量，完成公司整体的目标。

英特尔习惯于为各个组织设定那种乍看之下让人觉得无法达成的“高目标”。然后，葛洛夫再和相关的小组密切讨论，找出合理的标的，并且对市场的需求和公司的资源进行合理的评估。

1993 年，英特尔设立 PCI 晶片组的业绩目标就是一个典型的例子。葛洛夫觉得英特尔能够把晶片组的业绩提升到 100 万套；但是部门的总经理依照他的经验，预估当年的业绩是 20 万套。葛洛夫向他指出，PCI 将会广泛地被业界接受，所以 100 万套的业绩并非天方夜谭。但是他提出了不同的看法，认为 PCI 的市场还需要一些时间才能架构起来。最后，一致同意 60 万套是一个可接受的目标。经过一年的努力，在不停推动 PCI 规格与新产品之后，终于在年底达成了预定的目标。每个人都喜出望外。

第二年，同一个经理人、同样的团队，自发地提出了 500 万套的销售目标，这可是远超过葛洛夫的预期。而且，他们再次做到了！小组积极而自发地设定了高目标，并且实现了。

“看板式管理”是驱动所有组员往同一个目标前进的最佳工具。一个具体的例子是 1994 年 600 万个 Pentium 微处理器的产销故事。英特尔把进度张贴在会议室。每天，每个人都为各种进度而雀跃不已，英特尔也终于在年底达到了这个目标。对生产部门而言，进度非常明确，产量、库存量、成本等是最具体的指标。而对业务部门而言，接单、出货以及即将敲定的案子，同样是清晰可见的标的。

除了生产与业务之外，组织上的产值就没有那么容易评估了。通常，大部分的公司都不去评估市场行销部门的产值，因为市场行销的成果很难量化。早期，英特尔是用“用以设计”来判定市场行销的成果。一旦一家公司投入资源，以英特尔微处理器展开设计，比如说购买英特尔的开发系统，英特尔就认定这是一个“用以设计”，因为客户投入资金和人员，相当于对英特尔的一种承诺。一旦厂商采用英特尔的系统来设计，在产品量产之后自然会转化为订单，变成可见的业绩。在 20 世纪 80 年代推动“制胜”计划时，英特尔每周检讨“用以设计”，的状况，随着数量节节上升，英特尔知道“制胜”计划奏效了。当英特尔推动“Intel Inside”媒体计划时，英特尔以市场的曝光率和使用者的喜好度作为成果的指标。英特尔直接搜集世界各地使用者的意见，这是使用者对英特尔最直接的评分。随着指数上升，葛洛夫相信“Intel Inside”逐步达成了原先期望的市场效果。

对开发产品的设计部门而言，产品是否能及时上市，就是最好的指标。评估的标准可以是由制订规格直到量产的种种阶段，或者是由送样到出货 100 万个所需的时间。英特尔最早期的成就是 486D2X 晶片，从完成样品到 100 万个晶片出货，只用了 52 周的时间。后来，英特尔更是一次又一次地打破这个纪录。

由此可见，会授权的公司才能得到更大收益。

权力要分配适当

有一只母鸽在笼子中生了很多小鸽。看着这么多儿女，母鸽子得意洋洋。这时，乌鸦从笼子前飞过，母鸽对乌鸦炫耀说：“你看，我的孩子有这么多。”乌鸦嘲笑它说：“你的孩子越多，关在这笼子里的越多，那么你外面的烦恼就越多。”

这个寓言用在管理上，是很有寓意的，管理者如果缺乏长远的规划与打算，眼前的快乐常常会成为未来痛苦的根源。因为，凡事都要保持平衡和适当。

一般做企业管理，要保证在企业内部、外部平衡，才能健康发展，使得企业真的有了问题不至于产生连锁反应。

下面是保证企业内外部平衡的几点建议：

（1）作为领导应避免独断专行，压制属下，造成内部不团结。作为经营者，必须是一个虚心宽容、能体谅下属并视下属为宝的领导，这样他才能充分调动下属的积极性，使下属忠心为你效劳。

（2）避免任人唯亲。作为一个领导必须以大局为重，切不可凭个人好恶来用人。

（3）“家和万事兴”。一家公司内部和睦，会带来好处。许多公司本来可以做得很好，之所以无法发展壮大，是因为不断有内部矛盾。

（4）完善的奖励制度，使下属在经济上不至于捉襟见肘。

（5）团结协作，充分地提高公司的凝聚能力。

（6）处理好与工商、税务等与企业来往较多的政府部门的关系。

（7）处理好与银行的关系。资金对一个企业来说，是生存之源。

（8）处理好与其他企业和各界人士的关系。一个好汉三个帮，再大的企业也在发展中需要各方面的支持和帮助。

（9）处理好与客户的关系，不要在关键一环出乱子。

短短20年内，迈克尔·戴尔就把戴尔计算机发展成具有250亿美元资产的规模。在美国经济衰败、惠普等大型同行企业不景气的情况下，戴尔公司却飞速发展前进。

当年根据美国一家权威机构的统计，戴尔2001年一季度的个人电脑销售额占全球总量的13.1%，高居世界第一。是什么原因促使戴尔取得成功的呢？戴尔的物流模式无疑是他们成功的关键。

戴尔公司分管物流配送的副总裁迪克·亨特一语道破天机："我们只保存可供5天生产的存货，而我们的竞争对手则保存30天、45天，甚至90天的存货。这就是区别。"

戴尔公司走在物流配送时代的前列。分析学家们分析戴尔成功的诀窍时说："戴尔总支出的74%用在材料配件购买方面，在2000年这方面的总开支就高达210亿美元，如果我们能在物流配送方面降低0.1%，就等于我们的生产效率提高了10%，由此可见物流配送对企业的影响之大。"

另外，戴尔公司的车间很平常，和其他同行企业没什么差别，车间里同样充斥着传送带、压缩机和叉车的轰鸣声，工作流程生产关系乏味。但他们却能在短时间内为顾客制作出想要的电脑。这一切的实现源于互联网生产与客户紧密相连。

工厂的多数生产过程都由内联网控制，就连几十辆鸣着喇叭在厂房里穿行的叉车都配有无线电脑来控制装卸活动。事实上，从后勤角度看，做好每小时生产1200台电脑的组织工作简直就是一场噩梦。公司的厂房不仅是戴尔追求效率的标志，而且是公司不断缩短从顾客订货至成品装车这段时间的标志。

伊根先生说，公司没有裁员的意思，但他拒绝预测 5 年后公司还需要多少工作。他说："我们的生产效率已经比 Metric12（前 OptiPlex 工厂）提高了一倍，如果能提高两倍那是一件令人高兴无比的事。"

戴尔公司创始人迈克尔·戴尔说："人们往往只把目光停留在戴尔公司的直销模式上，并把这看作是戴尔与众不同的地方，但是，直销只不过是最后阶段的一种手段，我们真正努力的方向是追求'零库存运行模式'。由于戴尔公司按单定制这些库存一年可周转 15 次。相比之下，其他依靠分销商和转销商进行销售的竞争对手，其周转次数还不到戴尔公司的一半。"正如波士顿著名产业分析家所说："对于零组件成本每年下降 15% 以上的产业，这种快速的周转能使总利润多出 1.8% 到 3.3%。"

从戴尔公司的管理模式可以看出，权力的适当分配才是企业快速运转的保证。

把权力授予最合适的人

古人常说“兵无常势，水无常形”，这就要求管理者能够审时度势，即审察时机，忖度形势。审时度势与用人息息相关。在用人上不拘一格，最重要的是能够依势择人，根据不同的形势，选用不同的将才，往往能达到事半功倍的效果。

1. 你了解员工吗

“在公司，你最大的财富是什么?”有的管理者回答说：“是我的职位。”

出色管理者的回答却惊人的一致：“在公司，我最大的财富是我的员工，我信任他们，我们部门的一切成绩都有赖于他们的主动和创造性的努力。”

这与我们遇到的授权中的情形往往大相径庭，我们不止一次地听到一个试图授权的管理者这样抱怨：“我几乎没有可用的员工”“他们常常连简单的工作都做不好”“他们总是给我捅娄子，把工作交给他们，真难以让人放心”……这两种截然不同的情形带来的必然是两种迥然相异的局面，相信自己最大的财富是员工的管理者在他把一件任务委派下属去做时，总能找到合适的人选，他信赖他的员工，而员工也感恩于管理者的赏识而拼命地工作，部门的运转也井井有条，授权成为一种习惯和自然的事情，员工们清楚地知道“事情应该是怎样的”，这成为企业或组织的气氛，一切像一架精确而富有生机的机器，按最恰当的方式自动运转，其中的全部奥妙可以归结为一句话：每个员工在合适的位置上尽心尽力地工作。

而那些总是抱怨手下无人的管理者却陷入一团糟糕：他既没有精兵强将可以分担自己的重任，又认为自己的员工都是平庸之辈，越来越看不上他们；当面临任务时，他不是首先想到发动员工，让他们主动思考并解决问题，而是转向其他途径（例如找自己的上司等），去谋求解决困难的“捷径”；他的下级也因此而变得懒散，感到不被重视，对待工作不过是当一天和尚敲一天钟——得过且过，任何小的事情也习惯于请示自己的上级，有的员工开始递交辞呈，有的甚至不辞而别，他们的离开使公司人心惶惶。

几乎任何一本管理学的教科书上都会写着“人是唯一能动的要素，人是一切财富的源泉”，很多管理者对此并没有太大的异议，然而一旦走进公司，这些原则便统统从他们的脑海中清除出去，他们无论如何也不能把“唯一能动的要素”同眼前自己的员工联系到一起，这是很多管理者管理失败的主要原因。

管理者们面临的最大问题不是没有能干的下属，关键问题在于他们根本就不了解自己的下属，甚至根本没有意识到自己对员工缺乏了解。

管理者们也许应该问问自己这样一些问题：你了解自己的员工的知识背景吗？你了解自己的员工的特长吗？你了解自己的员工的兴趣吗？你了解自己的员工的缺点吗？你知道哪些员工组成团队会合作顺利吗？

一旦你真正以一种欣赏的态度去观察自己的员工，去了解他们的能力与特长，了解他们的兴趣与性格，你就会发现，你并不是真的缺乏得力干将。

用人不疑，疑人不用。因此，在授权给下属之前，应有严格的考核及各方面的考查。古代皇帝赐酒用来识臣性，现代有些企业的管理者找员工下棋，皆是侧眼旁观被授权者的个性、耐性、品性及诊断办事能力高低的方法，以作授权依据。知己者悦，知人者明，要授权，就要了解自己，了解属下。如果管理者生性狐疑，不信任别人，大小事情皆亲自处理，导致个人公文一大堆，对身体健康及企业经营都没有益处。

素质测评是与绩效考评不同的一种“识人”手段，很多管理者对后者关注较多，但对前者却鲜有耳闻。

绩效考评是针对员工工作结果的分析与审定，其依据是员工客观完成这一任务取得的业绩、成效、效果、效率和效益。而素质测评是根据员工行为特征信息，对员工的身体和心理素质的估量与判断，它侧重于员工的潜能和内在要素。对企业的管理者而言，了解员工的素质常常比了解员工实际已经做了些什么更为重要。因为绩效是员工与特定事、特定条件结合作用的结果，绩效并不稳定，绩效差往往不能说明员工素质差，而很可能是没有安排他从事真正适合于他的工作。美国组织行为学专家研究发现，员工每周工作五天，往往是周一上午与周五下午的工作效率较低，而周二至周四效率较高。同一天中，每个人上下午的工作效率也不尽相同，有的人上午效率优于下午，有的人则恰恰相反。

素质测评是测定员工内在稳定性因素。“素质”是一种综合性的个人要素，素质代表的是事业成功的可能性，具有不同要素的人从事不同的工作，能取得良好的绩效。

一般情况下，素质主要包括身体素质和心理素质两大要素。身体素质又由体质、体力、精力三个要素构成；心理素质主要由文化素质、品德素质、智能素质和其他个性因素四个要素构成。

在上述素质之中，心理素质是个体发展与事业成功的关键因素。美国著名心理学家爱特尔曼曾对 800 名男性成人进行过绩效测评与心理测验，发现其中成就最大的 20% 与成就最小的 20% 两组人之间，最明显的差别是他们的心理素质存在差异。成就最大组，在兴趣、谨慎、自信、开拓进取、不屈不挠和坚持性方面，明显高于成就最小组。

掌握素质测评尤其是心理素质测评的方法和手段，并运用到对下级员工的测评之中，将使管理者的工作得到极大的提升。员工的差别对管理者来说将不再是性别、年龄、职务、工种，而是素质，明确各人所长，各人所短，用人之长，避人之短，取长补短，优化组合，开发潜能，由此可发现优秀之才与奇缺之才。

了解员工的方法还有很多种，不止上述素质测评这一种，不管采用哪种方法，其结果都是为了更好地了解员工，只有更好地了解员工，才能适时地授权给他们。

2. 有效授权是关键

一旦你对自己下属的才能、兴趣了熟于胸，就能针对某项特定的工作选择适合的人做，或者为特定的员工安排适当的工作，做到“人得其位，位得其人”，达到人与事的适应。

授权就是企业或组织的管理者将适当的决策权授予适宜的员工，因此，决定授权有效性的关键是授权适人，即确定将何种权力，采用哪种方法，授予哪位员工或哪些员工（即团队）。这可进一步简化为：授什么？授给谁？怎么授？换句话来说，只有让“权”“人”相适匹配，授权才能充分有效，“权”“人”不适的授权所造成的危害比不授权带来的后果更为严重。

象棋的博大精深是每个人都知道的，单是“车、马、炮”这三颗棋子就会令我们思考半天。在象棋的世界里是以“将、帅”为核心，“车、马、炮”仿佛企业或组织中的中间管理者，各具特色，各有功用。他们不像“卒”，兵卒人数众多，默默无闻，行动处处受限，“死”一两个不严重，有点“死不足惜”的味道。

"士"与"象"毫无攻击力，属于防御型的角色，虽靠近权力核心，而它最大的功能却是"挡子弹"，随时要牺牲自己，成全将帅。

"车、马、炮"，显然是"攻击性"的角色，比赛要胜利主要靠它们。但是"车、马、炮"再怎么神勇，还只是"将、帅"手中的"棋子"，必须执行将、帅的意志。将、帅如果不重用，"车"就像废人一样，完全没有用武之地，也许到下完棋，动都没动过。

在管理中，管理者的最大挑战之一是挑适合当车的人去做车，适合当马的人去做马，适合当炮的人去做炮……并在适当时机发动进攻，让车横冲直撞，让炮隔山打虎……

下面几种类型的人，是我们经常见到的，应怎么配合其个性专长来适当安排？作为管理者，你如果要提拔其中一位来做其他人的上级，该如何抉择呢？

王某，是专业人才，有很高的专业水准，在他的领域里备受肯定。李某，是行政老手，做事经验丰富，既沉稳又有耐心，对组织中的沟通协调等事务十分熟悉。张某，能言善辩，热心待人，内外都打点得不错，人际公关功夫很不错。丁某，是小派系的意见领袖，善于拉拢一群人，会采用软硬兼施的手段达到预期的目标。

如果选王某，优点是能增强组织的专业水准，组织的声誉会提高不少。选李某，优点是他可四平八稳地让大小事情运作顺利，组织可减少人际摩擦。选张某，能增加组织的知名度，对外争取资源更为便利。选丁某，可安抚一群人，避免其和其他派系成员联手"捣乱"。

当然，选择每个人也都各有缺点。倘若你是悲观主义者，难免会比较留意该缺点对组织产生的伤害程度。从管理策略的角度看，不妨乐观又实际些，首先分析企业或组织的情况和需要，一切应以企业或组织的生存发展为最优先考虑。其次是多数人的接纳程度，毕竟"民意"是关键。再次是与组织中最重要的计划方案相融的程度，谁最有利于达成该计划的目标，充分利用谁。最后，也常是多数管理者放在第一位的思考因素，即“与你配合的程度”及“对你的忠诚度”。

企业或组织的放羊式管理者进行授权必须遵守以下原则。

（1）授权要公开企业的管理者

向有关部门与个人，公开将工作目标、工作内容、权力大小、职权范围、考核标准与程序等授予被授权者，避免被授权人在以后工作中遇到不必要的工作干扰，避免发生“不买账”现象。这也有利于其他人对被授权者进行监督。

（2）授权要有一定的根据

企业或组织的管理者要以载明双方权力义务的授权书、委托书、备忘录等书面形式授权，一是授权有了依据，二是清晰地界定了授权的范围，这样既可以避免被授权人的越位或不到位，乃至“反授权”，也可限制授权人重复授权，或在授权以后依然事必躬亲以及给被授权人不必要的干涉。

（3）授权要适度

授权要适度，就要做到“权”“事”相当，也就是说，企业或组织的管理者要真正授予下级权力，而且授予的权力应以下级完成工作所需为限，下级获得的权力以能够调动完成工作所需的人、财、物、信息、技术等资源为合理限度。所授权力小于或大于工作所需，都将导致授权失败，前者将造成下级难以完成工作，失去授权的价值；后者可能会导致下级滥用权力，负面作用太大，授权同样失去了原有的意义。

（4）授权但不授责

企业或组织的管理者在授权之后，应对下级的工作绩效负全部责任。授权是有风险的，一旦下级不能完成既定的任务，该下级的缺陷即为授权人的缺陷。下级没有完成工作，管理者就应该找他，分析原因，寻找对策，这是非常必要的，但这并不影响管理者要承担最终责任。反对管理者发现下级难以完成所授工作时，就向其推卸责任的做法，需要强调的是，责任不与权力一起向下级转移，而是权力向下级分散。

（5）授权应以信任为前提

授权需信任。没有信任，不能授权；缺乏信任，授权就可能失败。管理者之所以授予某人权力，是因为管理者信任他，因此，授权是信任的结果，而一旦授权，就要信任下级，所以，信任又是授权的开始。这就要求授权后，一是授权人不要包办代替，过多地干预，要放手让下级在授权范围内大胆地开展工作，鼓励创新；二是不要疑心太重，甚至听信流言蜚语，要“既授之则安之”；三是不要大惊小怪，要有宽容心态，允许下级存在一定的失误，并帮助其总结经验教训，改进工作。当然，在出现需要削弱乃至完全收回授出权力的特殊情况时，管理者必须削弱或收回权力，这与信任不疑并不冲突。

（6）授权要能授能收

管理者对所授权力拥有一定的调整修正权。一方面，权力在授出以后，要保持一定时间的稳定，不能稍有偏差就将权力收回，或缩小原授权力。即使下级表现欠佳，也应该通过适当的指导，帮助他们完成工作。另一方面，当发现下级经常越权、素质太差、背离工作目标，甚至给工作带来损失时，应通过批评、限期改正、削弱其权力等方式，以观后效，直至完全收回权力，避免失控。

（7）授权需要指导、反馈、评价、监督

企业或组织的管理者在授出权力之后，既有指导帮助的义务，也有监督检查的权力，科学的指导与合理的监督是相辅相成的，提倡在指导中监督，在监督中指导，二者都是保证有效授权的手段。

（8）授权需要有完善的制度当后盾

授权是否有效不仅仅取决于授权本身，还离不开整个组织的支持与协调，因此，管理者要把授权作为一项制度来建设，以建成一个健全合理的授权体系，因此，做好下列制度建设是必需的：

第一，改造企业文化，形成信任、宽容、帮助性、参与性的适于授权的企业文化。

第二，建立监控机制，增大被授权人的背叛成本。

第三，强化教育培训，提升下属的价值观念、动机水平和业务能力。

第四，完善人员甄选与晋升机制，有针对性地招聘选拔下属，科学规划、实施员工职业发展计划。

第五，完善考核奖惩机制，准确评价工作绩效，合理透明地奖惩员工。

第六，健全沟通机制，形成健康互信的沟通氛围，建立良好有序的沟通网络。

3. 挑选合适的人

从授权的角度，主管考查可被委任者的才能，区别不同员工的特点，将有限的精力用于指导那些需要你指导的人身上，而让那些能独立完成工作的人自由发挥。

在一些知名的企业中，许多精明能干的总经理、主管，他们在办公室的时间非常少，但他们在公司的业务却没有因此而受到丝毫的影响，仍然有条不紊地进行着。他们是如何做到的呢？秘诀只有一个，那就是他们善于把权力授予最合适的人。

每个人都有自己擅长的领域，也有不熟悉的方面，授权的时候，如果能够人尽其才，大胆起用精通某一行业或岗位的人，并授予其充分的权力，让他们自己做出决定，激发他们的工作使命感，是企业快速发展的重要因素。

作为一个授权者，当你决定把权力授予你所选择的人选时，在授权之前进行考查是必要的。考查他能不能独当一面，能不能胜任你授权给他的工作，这是你授权能否成功的关键因素之一。

企业的管理者在授权之前要考查的要点主要有以下八个方面：

第一，达成这项任务须具备什么人格特质？谁具有这些人格特质？

第二，完成这项任务需要过去的经验吗？安排某个人去获取这种经验，能否加强工作团队的实力？

第三，这项任务对谁具有挑战性？谁能获益最多？谁能胜任？

第四，谁具有该任务所需的才能和意愿？

第五，如果时间与品质要求允许的话，可以把这项任务作为团队成员的训练机会吗？

第六，所需的人数是否不止一人？如果是，如何使这些人同心协力工作？

第七，你将如何监督工作进度以及如何评估工作成果？

第八，被授权者目前的工作负荷是否够重？你是否需要协助他调整自己的工作？

管理专家大卫·拜伦曾说过："再能干的主管，也要借助他人的智慧和能力。作为经理人，你唯一要做好的事情，就是精选人才，训练他们，然后授权给他们，让下属尽量去发挥。"

一个人的能力毕竟是有限的，要不怎么说一个好汉三个帮呢？因此想要成就一番大事业，管理者就要把自己的权力和责任适度地交由下级分担，分层负责，才是提高团队效率的最佳方法。

授权，是提升工作效率最可行的方法，也是组织发展、成长的窍门。不幸的是，在现实领导活动中，有些管理者因为不懂业务，就不知道授权给谁最合适。有的管理者热衷于关系授权，谁和自己关系好，有了好的工作任务就授权给谁，大搞任人唯亲，所以被授权的人有的缺少好的道德品质，有的缺少才能，致使不能很好地完成工作任务，甚至造成无法挽回的损失。

除此之外，有些管理者由于不懂业务，没有能力管理好所分担的工作，只有依靠下级才能完成工作。所以，只有靠授权，才能维持管理者的工作，但又很难做到充分、合理的授权，这样便造成授权过度和授权不足。所谓授权过度就是管理者授给被授权者的权力超过了被授权者所能承担的限度，超出了被授权者的能力，就一定会给工作造成损失。授权的不足，就是指授权给下级工作，却不给他们权力，或给一半权力，管理者仍然抓着另一半权力不放。这将影响下级发挥积极性与创造性，也不利于下级员工开拓性地开展工作。

认识人才，才能正确地使用人才，才能在授权时不犯或少犯错误。这就要求管理者有很强的责任心和事业心，有很强的敬业精神，有广博的知识和广阔的胸襟，有任人唯贤的品德和胸怀，真正从事业的发展需求出发，合理、充分地授权。只有这样，才能把事业全面推向前进。

对于一个管理者来说，将手中的权力合理地授予下属，使他们拥有更多控制自己工作的权力，这是组织得以生存和发展的唯一途径。但权力的使用向来都不是一件随随便便的事情，并不是每个团队成员都是权力授予的最恰当人选，也不是每个团队成员都能够达到管理者所要求的目标。因此，选择合适的人选成为授权工作中最关键的前提条件，人选不合适，不如不授权，否则将会适得其反。

将授权进行到底

对有些管理者来说，授权仅仅意味着一种做事或完成工作的方式；高明的管理者却总能从授权中找到提升管理的绝佳契机。

授权带来的一系列变革对管理者而言，无疑是一笔巨大的财富，追求卓越的管理者们正是用这些财富去滋养他的员工、团队乃至组织。成功的授权使管理者感到喜悦的是：授权带给他的竟然是这么多，这是一种秋天收获谷物的喜悦。

1. 授权要切实有效

一般的管理者都知道授权的含义，也知道授权的必要性，但如果谈到授权的切实有效性的话，可能还有相当一部分人不知道其深层意义。要想知道什么是有效授权，就必须了解什么是无效授权。

举个例子，你如果是个汽车教练员，你陪新手去开车，就要给他充分的授权，要不然他怎么能开好车呢？在这种情况下，一方面，你会担心他开不好车，有可能会出车祸；另一方面，你又不得不授权给他，要不然他永远都不会开车，这个时候你会怎么去教他呢？如果你发现他方向盘打得不好或者油门踩得不好，只要他不发生车祸，就应该等他转了一个弯以后，再告诉他做错了或者走错了，你必须给他犯错的机会。如果每次他做得不好时，你就骂他，这样做的结果不但不能让他学得更快，反而会使他更加紧张，出更多的错，甚至使他永远丧失继续开车的勇气。

由上面这个例子可以看出，切实有效地授权首先就要把握风险，在控制风险的同时要有承担风险的意识和责任。只要这个风险是可以控制的，那就肯定要给员工授权。因为员工第一次做不好，第二次做不好，第三次可能就做好了，但如果没有第一次、第二次做不好的经验，他永远都不会有第三次做好的机会，所以你要给他机会去犯错。

（1）授权 80% 的工作

一个普通管理者，他所做的工作究竟有多大的授权空间呢？有关人士调查发现，管理者 80% 的工作都是可以授权的。他只需做关于企业命运和前途的 20% 的工作即可。这 20% 的具体内容为：企业战略决策、重要目标下达、人事的奖惩权、发展和培养下属等。可以授权的 80% 的工作主要有日常事务性工作、具体业务工作、专业技术性工作、可以代表其身份出席的工作、一般客户接待等。管理者在授权时，必须对自己职位的职责有一个明确概念，按照责任大小把工作分类排列，自己只做最重要的工作，其他都可以授权。

需要着重说明的是，无论你授权到何种程度，有一种东西你是无法下放的，那就是责任。如果管理者把责任都下放，那只能说他是退位而不是放权。各级主管在此常犯的错误就是：授权时把责任同权力一起交给下属，当下属无法完成指派的任务时，则将失败的责任推给下属。赋能型管理者应该这样认识授权：授权是减少自己的管理，加重自己的责任。把 80% 的工作交给员工做，并不是把 80% 的责任也交给员工。

（2）量其能，授其权

根据下属能力大小和知识水平高低进行适当授权，是授权得以成功的关键。很多管理者错误地以功劳大小授权，以资历深浅授权，这不但会耽误真正有才能的员工发展，更会贻误大事。管理者可以通过绩效评估、素质测评、观察、访谈等方法对员工的能力进行排序，然后根据具体情况分别采用不同的方法授权。

①制约授权

制约授权方式适用于刚进公司、缺乏工作经验的新员工，可以交给他们一些最基本的事务性工作，同时对他们的行为进行实时监督检查，促使他们尽快熟悉工作过程、掌握工作技能。管理者这时充当指导者的身份，只需对下属详加指教即可。

②弹性授权

弹性授权方式适合于有一定工作经验的下属，他们的技能有可能还比较欠缺，不定时交给下属一些具有挑战性的工作，同时给他们相当的工作支持。管理者这时扮演的是教练员的角色，把员工扶上马，言传身教，让下属尽快成长。

③不充分授权

扶上马之后，自然要送一程。当员工具有相当的经验和技能时，管理者可将非常重要的工作交给他做，如公司重要项目的谈判、公司主要客户的拜访、参与公司重要决策的制定等。管理者此时就摆脱了具体指导阶段，成为员工的坚强后盾，这类员工通常会成为公司的中层骨干。

④充分授权

可以充分授权的通常是公司的核心员工，是企业重点培养的对象，这类员工，自主能力、工作能力都比较强，能独当一面，基本上属于管理者最宠爱的那一类。

授权的这四个阶段是从低到高、依次递进的。由于员工的能力、素质、态度的差异，有些人只能处于二三阶段，能达到充分授权的只是一小部分员工。

切实有效的授权，是授权成功的保障，也是赋能型管理得以进一步开展的保障。

2. 有效授权的步骤

管理者要进行切实有效的授权，除了上面所介绍的一些方法外，还必须遵循一定的步骤和原则，按部就班地进行授权。

授权的八个步骤分别是：

（1）第一步，确定什么权力能授出，什么权力不能授出

哪些工作可以授权，很少有放之四海而皆准的方法。因为每个管理者所处的境况可能千差万别。我们可以举一些例子帮助你在分析自己的具体情况时做出正确的决定。

①授权日常琐碎的工作

日常琐碎的工作，你可能已经做了一遍又一遍，并且是公司例行规定的必要工作。你对它们非常了解，闭上眼睛都能知道这些工作所存在的问题、所具有的特性，以及具体操作细节。因为你如此熟悉它们，所以可以很容易地解释清楚，然后把它们委托给他人去做。这些琐碎的事情下属很容易做好。

②授权专业性强的事情

作为企业的管理者，你的主要工作就是每遇到一个任务或难题的时候总能找到合适的人来做。因为管理者不是万能的，所以很多时候，专业的事情就要授权给专业的人来做。

管理者必须善于发挥员工的专长。如果你负责选择一个新的文字处理系统，可以自己研究，也可以把初期的工作授权给你办公室里的电脑程序员。如果办公室有个数学能手，可以让他负责检查所有报告中数字方面的问题。管理者一定要小心“超人综合征”，有些时候你必须将一些日常工作交给像律师、会计、税务经理等专业人士或其他员工。要让你所需要的结果与员工所拥有的技能相结合，充分利用他们的才华，将自己的时间用在其他更重要的事情上。

③将重要活动纳入授权之下

有些企业的管理者总喜欢将一些琐碎之事授权给自己的下属，这样很容易让你的下属感到自己在管理者心目中无足轻重，自然也就不会尽心竭力。当然，为准确掌握所有工作，授权者可列出一张清单，然后在每项重要工作之下，列出已经被明确授权的人的名字。

④授权管理者的“职业爱好”

大部分管理者都来自一线，无论现在是多大的管理巨头，他都在一线待过。有些工作没有授权给员工是因为这个工作引起了授权者的兴趣。但是这是一种很错误的方法，把自己最感兴趣的工作分配给其他人的做法可能看起来是荒谬的，也许这些工作让你流连忘返，但这些工作不足以体现出你所付出的时间和精力的价值，它们有可能与你以前在一线时候的专业领域或者上个公司担任的职位有着千丝万缕的关联，但这并不能构成你自己去完成它的条件。

要想知道什么权力能授出，可以从反面了解一下哪些权力是不能授出的，不能授出的权力一般遵循以下原则：

①不要授权人事或机密事务

人事方面的决定（评估、晋升或者开除）一般来说很敏感，而且往往难以做决定。一旦有些人事工作需要保守秘密，那么这份工作和职责就应该是你自己的。

②不要授权公司政策的制定

你可以在政策制定的一定范围内授权，但绝不要授权他人关于实质性的政策制定工作。政策会限制相关决策的制定。在规定的、有限的范围内，你可以授权他人承担一些制定政策的任务。政策完全由一个人制定，并且被采用，在以后的具体运用中就会出现许多负面的影响，大公无私的人制定政策时也不免会站在自己的立场上。

③不要授权危机问题

危机会不可避免地发生。如果真的发生了，管理者必须肩挑这个重担，找到解决方案。不论这个工作多么适合你挑中的授权对象，但这不是你该授权的时刻。

④不要授权上级管理者强调让你自己完成的任务

如果你的上级管理者让你亲自做一件事情，可能会有他特殊的理由。如果你坚定地认为将它授权给你的一个员工去做是正确的话，先和你的上级管理者提前商量一下，弄清楚他是要你做还是同意你交给别人做。错误的理解可能会使你和上级管理者之间的关系变得紧张，所以一定要弄清楚他的要求。

需要注意的是，以上这些关于什么该授权、什么不该授权的建议只是基本原则，不是一成不变的定律，它们对于你决定一项任务是否该授权应该有帮助，但是你必须根据自己的情况做决定。根据这个基本原则，有些任务你应当授权，但有时个别的或特殊的情况可能会需要你自己去完成。例如，现在有一项常规性任务非常适合授权，但是明天就得完成，你没有时间再培训别人，然后授权给他，那就只有自己做。如果利弊似乎相当，那就大胆地授权，不要过于小心翼翼。

（2）第二步，确定授权目标

很多管理者在授权的道路上有所推脱，很大原因来自于授权的失败，授权不是简单地告诉员工去做什么事情，然后拍拍他的肩膀说："工作交给你了，好好干。"授权没有明确的标准界定，缺乏系统的公司资源支持，往往容易使员工从授权之初的豪情万丈到无所适从，最后心灰意冷，结果自然与管理者的期望值相差甚远，慢慢就导致管理者认为授权不适合所在的公司，赋能型管理更不适合所在的公司了。

管理者必须向员工（被授权者）制订明确无误的任务目标，说明授权的范围和限度、任务的截止日期、验收标准以及期望的成果，目标要尽可能细化，切实可行。很多管理者的实践表明，在授权时，采取征询、启发、诱导等方式，让员工参与目标制订，可以收到很好的效果；至于完成任务的方式、方法、步骤，则应该由员工自行决定。这样做可极大地调动员工的工作热情，其效果要远远好于主管集权命令式的授权。

（3）第三步，界定员工的责任

被授权者承担多少责任，应由管理者确定，而不是让员工自己决定。在授权的同时要告诉员工他所担负的责任。员工在接到管理者交付给他的工作之后，由他先来说出这个工作在他心目中所要担负的责任，如果他的答案不符合管理者的期望，就要重新仔细检讨整件事，并告诉他该负多大的责任。

（4）第四步，传授工作技巧

在具体操作中，许多看似简单的工作里面却有很多无形的壁垒和技巧，管理者或许早就对这些技巧驾轻就熟，而被授权者初次接触必须要苦苦摸索。为了提高效率，管理者在授权时需面授机宜，向员工讲述完成任务常采用的方法、工作的重点及关键环节、工作细节提示以及此项工作的最终目的等内容。

（5）第五步，提供训练和后备人员

授权的目的是强化组织，而不是为了组织中某个人的利益。在一个充满活力的群体中，不仅要考虑到被授权者，更要考虑到后备人员的培养，一个企业宛如拥有一个可以使事业不断扩张和投入竞争的人才水库，只有建好这个“水库”，才能更具有竞争力。

（6）第六步，全面协调配合

授权就意味着权力结构的转变和组织资源的重新整合，因此，授权时必须给被授权者全面地调用人、财、物、信息等的权力。要弄清楚完成这项任务的条件是什么，涉及哪些部门、人员，这些条件有哪些被授权者可以自己创造，哪些必须由管理者出面协调。授权之前，管理者应向相关部门、人员下达授权通告，指示他们大力配合。

（7）第七步，设定时间表和后续时间表

每个人对时间都有不同的解读。管理者希望交付的任务在某个时间内完成，应让员工清楚。

（8）第八步，把授权坚持到底

授权过程中，员工遇到困难时，可能会尝试把任务“丢回”给管理者，管理者可能也想把它“拿回来”，特别是在员工似乎陷入僵局的时候。在某些特殊的情形下，管理者可能别无选择，只能把任务收回，避免工作无法很好地完成。然而，只有在极为特殊的情况下，才能这么做。

如果你把权力收回，员工就丧失了学习与成长的机会。对于渴望把事情做好，但需要及时协助的员工来说，这个结果会令他沮丧。

授权是一个系统性的工作，不是有些管理者想象的那样：“不就是把事情交给下面去办吗”。授权是一门艺术，是艺术就要不断地修炼。要成为赋能型管理者，懂得“放”的艺术仅仅是第一步。

3. 既授之，则信之

管理者对于将要被授权的员工一定要有全面的了解和考查，以避免授权后不合适而造成不必要的损失。认为可以信任者，则“疑人不用，用人不疑”，就不要零零碎碎地授权，应能够一次完成授予，就一次授下去。授权后，不能大事小事都干预，事无巨细都过问，应充分信任自己的授权对象。

有“硅谷常青树”美称的惠普公司认为，授权最需要的是信任和尊重。惠普在这方面是一个包容性很强的公司，它只问你能为公司做什么，而不是强调你从哪里来。在处理问题时只有基本的指导原则，而把具体细节留给员工自己，以便他们做合适的判断，这样，公司便可以给员工保留发挥的空间。惠普是最早实行弹性工作制的企业，允许员工在家里为公司做工作。惠普的宽容达到了一个全新的境界。惠普实行授权管理，在公司管理层的支持下，各类人员各负其责，自我管理。公司也鼓励员工畅所欲言，要求员工了解个人工作情况对企业大局的影响，并不断提高自身的技能，以适应顾客不断变化的要求。

在授权过程中，应贯彻信任原则，做到员工职权范围内的事让人家说了算，只要不违背大的原则，就支持员工工作。对于出现的小失误，采取宽容态度，允许失败，允许有小的差错。管理者一旦选中得力的下属，就不为其他声音所困扰，应倚重有加，无所顾忌。人们感到最扫兴的就是出力不讨好，只要下属忠心一片，即使方法效果欠佳，也要多加鼓励，而不要发怒于人。这样下属下次才会更加卖力地做事，否则会失去人心。

顺驰集团董事长孙宏斌，也是昔日联想的“少壮派”领袖之一，2003 年列入胡润中国内地富豪榜第 91 名，总资产 9.5 亿元。孙宏斌创办顺驰之初，就不怎么管具体事务，他的原则是：既授之，则信之。

孙宏斌曾说，顺驰集团管理层来自各个行业，有做过气象的、有搞过高科技的、有涉足服装行业的、也有从事媒体工作的，但几乎没有一个管理者是房地产科班出身，“重要的不是你做过什么，而是你能做什么，有没有潜能”。在顺驰，一名员工能两周内就当上部门经理，二十多岁当上集团副总裁、总裁助理、分公司总经理、副总经理几乎是普遍现象。顺驰上海区域总经理，三年前加入顺驰时还只是一个出纳，董事长则是普通记者出身。孙宏斌还颇为自豪地说，顺驰的骨干管理层都是自己培养的，他认为培养人才最有效的办法就是授给他们权力，让他们自己去锻炼，去提高。

孙宏斌对员工的授权之大胆，有时到了令同行们匪夷所思的地步。

比如说，顺驰集团明年给上海区域的资金额度是15亿元，那上海顺驰就可以自由决定苏州、南京或上海的项目各投入多少、何时投、怎么投。握有10多亿元的支配权，假如决策失误怎么办？这或许是大多数管理者担忧的问题，而孙宏斌却这么说："那就是顺驰成长的成本吧，谁工作没有失误？我们要防止的是系统性风险。而且，近十年来，顺驰也没有出现过大的决策失误。"

4. 有效授权始于倾听

所有的管理者，在授权之前和授权之中都离不开倾听。只有通过倾听，管理者才能更好地了解员工的发展需求，鉴别出那些帮助员工成长的授权机会，从而更正确地授权。在无穷尽的管理轨道上，良好地倾听，还有利于管理者与员工建立一对一的信任关系，能够激励员工主动将深藏的经验、智慧发挥出来，在完成授权任务时，超越自我。

小李是一个极具上进心的年轻经理，她希望成为公司的第一个女副总裁。过去六年的工作经历证明了她的确有这样的潜力。作为职业发展的一部分，小李被指派为工厂经理的助理，去学习生产部门的业务。

该工厂经理老罗并不对他的新助理表示欢迎，因为他不相信小李能适应艰苦的车间工作环境。小李表示她希望通过授权来发展员工，但老罗担心她这样做会破坏公司的权力体系，扰乱整个工厂的运营。最后在小李的说服下，开始慢慢接受这个建议，但是他要能够控制授权任务的否决权。

两个月之后，小李和老罗一起讨论她的授权计划。她告诉老罗，她打算让阿杰负责月度生产报告。老罗对此提出异议——因为阿杰不懂电脑。

“老罗，我刚来的时候阿杰确实不懂电脑，但他现在不同了！我和他谈过，也问过他如何能更好地为工厂运营做出贡献。他说他非常喜爱电脑，但从来没有机会去学习电脑。他说他要是学会操作电脑的话，可以负责生产报告。于是我们安排他去参加了一个电脑培训课程，他对此非常感兴趣。他说这份工作一点都不烦闷，他每天非常急切地想投入到工作中。”

“哦？如果他如此喜欢电脑，为什么他从来没有说出来过呢？”

“我也问过这个问题。他回答说从没有人愿意倾听他的想法。我知道阿杰是一个很腼腆内向的人，只要你表示对他的话有兴趣，他会打开心扉。我认为他是一个需要更多指导和理解的优秀员工。这就是我对他的看法。”老罗抱着试试看的态度勉强同意了有关阿杰的计划。

小李接着谈起了有关小苏的计划。她安排小苏去负责和质检局一起举行的季度会议。小李了解到小苏是一位优秀的演讲人才，也是当地宴会俱乐部的管理者，并常在夜校里教演讲。而小苏以前的上司从来不愿意去了解她的这些特殊能力，也从来没有安排她参加重要的谈判任务。小苏对这项新的授权很上心，希望能获得任命。

经过一段时间的实验，老罗很高兴地对小李说：“我原以为你的授权计划将扰乱工厂运营，但你证明了什么是通过授权来发展员工。”

对员工的这些需求，为什么老罗没有意识到？关键在于他没有认识到倾听员工们的重要性。进一步讲，管理者要想更有效地授权，就应该了解自己的员工，了解他们的种种需求，而达到这一目的的有效途径，就是认真地倾听员工的心声，甚至在他们不愿意说出来的时候，主动通过其他渠道了解。俗语说：“将心比心”，注重倾听员工心声的管理者，会自然而然地缩小与员工的心理距离，从情感上赢得员工。当然，在授权中，管理者的倾听绝不是一次性的，它需要贯穿于授权的整个过程。

5. 有效授权的十个技巧

赋能型管理者有效授权对人事主管、员工及企业三方都有利。对于赋能型管理者，授权可以让他们空出较多的工作时间做策略性的思考。对于员工，授权可以让他们学习新的技巧和专长，让主管及员工都有机会发展能力，在事业生涯中更上一层楼。对于公司也可以增进其整体的效能。

授权的重要性已经不需要再多说了，但企业管理者如何做到成功有效地授权呢？方法有很多，下面这些是赋能型管理者的先驱们总结出来关于有效授权的十个小技巧。

（1）技巧一：不要只问“懂了吗”

一般的管理者都会习惯性地问员工“懂了吗？”“我讲的你明白了吗？”这种情况下，许多对细节还不太懂的员工都会反射性地回答“知道”“明白”，他们不想当场被主管看扁。放羊式管理者除了询问以外，还要观察员工的神情、语言，看他是否真的懂了。

（2）技巧二：明确绩效指标与期限

赋能型管理者在授权过程中，要让员工明白自己必须达到哪些具体目标以及在什么时间内完成，清楚了这些，才能有基本的行动方向。授权不是单单把事交给员工，还要让他明白管理者想让他们达到什么标准。

（3）技巧三：授权后要适时询问

授权以后不能不闻不问，等着员工把成果捧上来。你不必紧盯人，但仍要注意员工的状况，适时给予“这样不错”“那样可能会比较好”之类的意见提示。如果任务特别需要“准时”，也可以提醒他注意进度与时间。

（4）技巧四：为下次授权做“检讨”

前期每次授权后，一定会存在这样或那样的问题，管理者应和员工讨论这次授权中存在的问题，以便改进。管理者也可以让员工描述自己在这次授权中学到了什么，再结合管理者自己观察到的状况，将其作为下次授权的参考。

（5）技巧五：小事情也可以授权

即使是一件再寻常不过的小事，也可以“授权”，未必一定是什么大方案、大计划，才叫授权。尤其对于新员工，从小事授权起，可以训练员工负责任的态度，也能帮他们建立自信。

（6）技巧六：先列清单再授权

简单来说，管理者可以先列出每天或者这个时期自己所要做的事，再根据“不可取代性”以及“重要性”删去“非自己做不可”的事，剩下的事情就是“可授权事项清单”了。这会使授权更系统、更有条理。

（7）技巧七：告诉员工授权的底线

通过几次授权，有些员工便会自作主张，做出一些超出授权的事。所以授权时要交代“底限”，员工一旦快触碰到，就应刹车，这可以防止他们擅自跨过界限。

（8）技巧八：找对你打算授权的人

你所指定的人，如果经验多、但对于该项任务不擅长或意愿较低，未必会比经验较浅、有心学习而跃跃欲试的人适合。

（9）技巧九：建立支持体系

赋能型管理者授权之初一定要告知员工，当他们有问题时，可以向谁求助，并且提供他们需要的工具或场所。当管理者把自己的工作分配给员工时，确定也把权力一起转交。此外，管理者要让员工了解，他们日后还是可以寻求管理者的意见和支持。

（10）技巧十：帮员工设想可成长项目

就某种角度来说，赋能型管理者的授权也是一种训练员工成长的方式。因此授权时就要想到如果员工能通过授权，那么在实施过程中这个员工能学到什么。如果授权他做只是因为你忙不过来，那就不叫授权，只能算是帮管理者打杂。

很多的管理者授权失败或者不敢充分授权，是因为他们没有掌握其中的方法，上面这些只是授权方法中的凤毛麟角，更多具体的方法要根据不同企业和不同情况由管理者总结。

6. 授权的七条原则

授权作为一种管理技能，它既存在着科学的严谨，也存在着艺术的多变，它随管理者的领导力和才华而呈现出不拘一格、五彩缤纷的局面。无论它如何多变、如何艺术，都存在一定的规律或者是原则。

赋能型管理者经过研究各种授权，总结出一些可以遵循的原则，这些准则如下。

（1）授权目的应明确

赋能型管理的任何一次授权都要目的明确。首先，授权以企业的大目标为依据，分派职责和委任权力时都应围绕企业的大目标进行，只有为实现企业的大目标所做的工作才能设立相应的职权。其次，授权本身要体现明确的目标。分配职责时要同时明确员工要做的工作是什么，达到的目的和标准是什么，对于达到目标的工作应如何奖励等。只有目标明确的授权，才能使员工明确自己所承担的责任，盲目授权必然会带来混乱不清。

（2）授权应因人而异

管理者应根据需要授权的内容选择合适的人。虽然一个高明的赋能型管理者会从所要完成的任务着眼来考虑授权，但人员配备是授权系统至关重要的一部分，是不可忽视的。被授权者的才能大小、知识水平高低、结构合理性是授予权力的依据，一旦管理者发现授予员工职权而员工不能承担职责时，管理者应明智地及时收回授权。

（3）不要重复授权

在现代企业中，即使是一个很小的公司，也有多个部门，各部门都有其相应的权力和责任，管理者在授权时，不可把同一个权力授给两个或者两个以上的部门（当然，需要合作的工作除外），这样会导致部门间的冲突，造成内耗，形成浪费。

（4）权力其实是责任

赋能型管理的授权解决了员工有责无权的状态，减少了员工的一些埋怨，有利于调动员工的积极性。但在实践中又要防止另一种倾向，即避免发生有权无责或权责失当现象。有权无责，用权时就容易出现随心所欲、缺乏责任心的情形。权大责小，用权时就会疏忽大意，责任心也不会很强；权小责大，员工就无法承担权力运用的责任。因此，授予多大的权力，就必须负有多大的责任，要求负多大的责任，就应该授予多大的权力。权与责应保持对应、对等的关系，权力就是责任。

（5）权力要逐级授出

授权应在直接上级同其直接下属之间进行，不可越级授权。越级授权，将造成权力紊乱，使中层管理者很被动，增加部门之间的矛盾，破坏上下级之间的正常工作关系，不利于工作正常进行。

（6）授权隶属关系要单一

下级被授予的权力应当是确定的，这只有在一个下级只对一个上级负责的情况下才能做到。如果是多个上级直接领导一个员工，隶属关系就会紊乱，下属就会无所适从，左右为难，难以行使被授予的权力，难以履行各种互不相干或者互相冲突的职责，也给授权之后的考核带来困难。这样的授权必将失败。

（7）授权要建立

管理者在授权之初，要和员工交流，在充分交流的基础上完成授权之后，应该在一定范围内和被授权者保持沟通。管理者应该知道，科学合理的授权不应造成上下级关系的断层，这就是说，上下级之间的信息应该更加自由地流通，使下级获得用以决策和适当说明所授权限的信息。高科技介入现代公司管理，尤其是网络的介入，为交流提供了更大的便利性。许多世界知名的大公司在其公司的内部网络上建立了类似的主页，为上下级、同级之间的信息交流、谋求咨询、协调沟通提供了一种便利的通道。

7. 授权的几个常见误区

授权是一门艺术，应当灵活掌握，遵循一定的原则和规律。但是，在实际授权中，很多管理者都存在一定的误区，而这些误区在一定程度上降低了管理者的管理效率，更有甚者直接导致管理者不能开展有效的领导工作。

比较常见的授权误区主要有以下几种表现形式。

（1）含糊其词地授权

不少管理者内心深处并不想授权，但他们又迫于外界压力，所以就宣称自己授权。但是，遇到具体工作向员工授权时，他们又总是表现得不清不楚，在给员工什么权力、给多大的权力等需要非常明确的问题上从不说清楚。在这种情况下，员工得先花精力揣测管理者的真正意图，他们不知道管理者是不是真的愿意授权给自己，所以开展工作时畏首畏尾，放不开手脚，也得不到管理者在其他方面的配合。

（2）犹豫不决地授权

犹豫不决地授权在现实中很常见。犹豫不决是管理者内心在做斗争的表现，正因为他们内心很矛盾，所以在授权中表现得反复无常，分明已将某项工作交给了某个员工，但他们会突然改变主意，变成自己来干或者另选他人负责这项工作。他们常常否定自己，对授权忽放忽收，令员工无所适从，无法安心工作。

（3）虚假授权

名义上来说，管理者已将权力授给了员工，但事实上，管理者却总是用各种方法阻挠员工运用他已授予的权力，这就使得员工所获得的权力成了有名无实的空头支票，这就是虚假授权。

（4）追求完美地授权

有些管理者总是追求十全十美，在这种心态的支配下，他们授权给员工后总担心员工不能很好地完成任务，找种种借口干涉员工的行动，这样的管理者往往不允许员工在工作上有丝毫失误，否则就将权力收回。

（5）推卸责任式授权

在现实中，不少管理者不太懂得“士卒犯过，罪及主帅”的道理，他们错误地认为，一旦授权某位员工全权负责某项工作后，自己便可以高枕无忧了，于是，他们将授权当成了自己推卸责任的挡箭牌。但是，无论管理者在授权时多么彻底，对于授权后员工所做的一切事情，仍然要承担责任。

授权的误区千差万别，但这些千差万别的失误都是人为的原因，而不是某种管理制度的不完善，因为这些误区的存在，而以一概全地否认了赋能型管理，那就太不明智了。

环境赋能，建立优秀团队

团队建设是一种网状结构的水平关系。如果一支团队建立了互信和明确的共享目标，那么这支团队将更有战斗力。在面对急剧变化的局势时，被赋予信任的团队能够迅速做出反应，并协调一致。可以说，通过赋能放权，运用良好的激励机制，构建完美的团队环境，能够激发下属的创造力和工作激情。因此，关注下属的发展需求，为员工身处的环境进行赋能，可以充分发挥他们的潜力，为团队创造更大的价值。

管理赋能的灵魂——信任

没有信任的世界将变得不可想象，信任对获得经营成功至关重要。但随着公司不断改变它们的经营方式，信任也变得越来越难以获得。

在过去的 10 年中，信任的丧失不仅仅是由于裁员或组织结构重建，我们看到正出现一种新的组织形式，在这种形式中，维持信任关系的基础——亲和力正在被破坏。随着新的信息技术的发展，出现了“虚拟组织”。在这种组织中，雇员之间的个人联系是瞬间的，甚至不存在。人们被要求信任他们知之甚少、甚至根本就不了解的人，这使得他们在别人面前显现出前所未有的脆弱。例如，公司把下属的收入与那些他们不常见到或只是经过间接途径了解到的人联系了起来。

简而言之，我们面临了最基本的两难境地：巨大的经济和商业变化，使得信任变得越来越重要，也越来越难以建立。

在信任度降低时，你必须采取控制的方针，且不能在这样的文化中授权给人，否则你会陷入全面失控的窘境。

我们都知道信任对组织的重要性，但是，在我们的心灵深处偶尔也能够认识到自己身为领导的行为与认识的矛盾。一位《财富》世界 100 强企业的领导曾说过：“我心里也明白，当下属来上班时，他们没有在想‘我今天怎么来捣乱’‘我如何来难为老板’，没有人是怀着这样的目的来上班的，但我们这些领导的所作所为却总让人以为我们是这样看待下属的，我们害怕给他们任何钻空子的机会。”

1. 信任的力量

我们越能够表达和外化自己的情绪，我们身边的人就越能够从与我们的关系中得到滋养。

——米歇尔·拉里韦

人们的感觉是非常重要的，就如米歇尔·拉里韦所说的那样，人的情感是需要表达的。信任在任何时候都是最重要的东西。当一个团队或组织超过一个人时，信任就变得尤其重要。

你能以多种不同的方式描述组织中的信任吗？以下内容你实现了几项：

（1）公司和团队对你非常重视；

（2）我能做到与众不同，并能为实现目标贡献力量；

（3）周围的人有着相同的价值取向、工作目标和决心；

（4）能够自己做出的决策就不需要别人来插手；

（5）自己和别人一样被公平对待，有相同的机会来实现自己的价值；

（6）可以自由地接受和反馈意见；

（7）交流能够公开和随时进行；

（8）我可以毫不为难地要求别人做得更好，别人同样也可以要求我；

（9）我信任别人做出的承诺，别人也一样信任我的承诺。

对于以上列出的内容不要弃之不顾，它们是普遍存在的，而且是非常重要的。这是因为在如今，信任可以说是许多团体成员之间唯一的联合基础，而这种基础是管理成功的保障。无论何时何地，信任度都拥有非常重要的实用价值，信任是社会系统里很紧要的润滑剂，它可以让效率变得极高，为人们省去许多麻烦，因为大家对别人所说的话能有相当程度的信任感。将起码的信任和诚实视为理所当然，忘记了它们在我们的工作生活中多么普遍，对于我们的经济活动又发挥多么大的润滑作用。举个例子，为什么很少有人会到餐厅吃了饭不买单或坐了计程车后不付钱就跑掉？

当我们想象一个没有信任的世界时，信任的重要性就突显出来。在这样的世界中，我们每一个人都会逐渐变得喜欢怀疑一切事物，轻则使人们之间变得冷漠，重则使人们之间充满敌意。在没有信任的世界里，管理者会被认为是自谋私利和独断专行。几乎没有人愿意听从他们的领导，没有人会相信其他人的能力——只有愚蠢的人和急功近利的人才会去寻求建议或者帮助。在这样的世界中，人们更愿意单独工作或以家庭式的团队方式工作，他们担心自己会依赖他们所不了解的人。由于对一个项目或一个目标的建议可能会被贯彻实施，也可能不被贯彻实施，于是这些建议变得毫无意义。团队的运作若缺乏信任的关系，就得依靠更多的规章制度与惩处办法来进行管控，因此也会耗费更多的成本。

2. 何为真正的信任

企业的成功不是来自于组织的正式系统，而是来自于支撑这个组织的“精神”。

——大野耐一

很多管理者会把自己放在首位——放在组织需要和其他下属最大利益之上。因为他们听过“高处不胜寒”这句话，所以管理者们会过分地留心下属的言行，过分地调查公司内的传言。他们需要保持高度的警惕性，这使得他们信任别人的愿望荡然无存。

这种心态使得他们无法做到充分信任下属，其表现形式有：

（1）表现形式之一

一位下属抱怨说：“有些事情不需要经过那些官僚程序、分析和一道道关卡，而我常常觉得主管刻意想制造一些障碍，于是我不得不和他坐在一起仔细地研究每个细节。”另一位下属说：“这位主管总是在我面前不断地提出不客气的批评，对已经进行的工作叫停，对细节吹毛求疵，他影响到我的生产力。有几次计划已经完成，执行主任也批准了，这位主管还提出一大堆建议，坚持让我们照着他的方式去做。我的计划被迫停止，这位主管希望控制我的一切。”

（2）表现形式之二

“我和主管相处往往很不愉快，因为他对我的工作无论大事小情都要管理。他很难想象设计小组的每个成员对自己的专业领域比他懂得更多。他不断对我们的工作‘放马后炮’。”

（3）表现形式之三

“我的主管希望我随时待命。他接了一个电话后，会马上跑出来问我说某某文件放在哪里了，或者是他现在要去哪儿，马上就需要这个或那个。我根本没有时间做自己的工作，因为我的主管寸步不离地紧盯着我。”

所有这些不信任的表现都将影响组织的效益，更为重要的是，这样的不信任将严重影响组织目标的实现。只有信任下属，并且让下属觉得你信任他，从而对你产生信任感，才可能形成简单文化的管理风格。

我们常常见到的是上级不能充分信任下级，但是过度信任下属的情形也并不是没有。与上面的几种表现相反的是，他们过于相信下属，因此走进了另一个极端——放任。从某个角度讲，信任下属，是管理者对下属品质、能力的充分肯定；但这绝不意味着让那些不具备良好品质和突出能力的下属任意所为，以至于破坏企业形象。因此，信任是一种理解和依赖，放任则是一种散漫和纵容。作为管理者，你应当记住这一点，切忌混淆两者的关系。因此，信任下属是必要的，但不要过分，信任不是放任，信任能把事情做好，放任则能把事情毁坏。作为管理者一定要明白这一点。否则，你只能自惭形秽地面对责任和良心，失去管理者的形象。

而真正的信任和被信任应该是这样的，例子如下：

某企业的管理者把自己的下属叫进办公室，告诉他们："先生们，我们公司已经做了很多年香肠皮了，去年的利润是100万元，今年我决定不做香肠皮了，我们改做螺丝钉和螺丝帽吧。"

所有的下属都微笑点头，离开上司的办公室。此后上司便没再看见他们了。直到近一年过去，下属们回到上司的办公室并告诉他：公司正在生产全世界最好的螺丝钉和螺丝帽，价格低于同行15%，而且利润比上一年做香肠皮提高三倍。

真正的信任是：你相信你的下属会把事情办得再完美不过，同时你也相信他们会遵循你的原则，因为你一直都让他们明白这一点。在你着手建立合作和信任时，要牢记鲍雷夫法则。

（1）最重要的八个字是：我承认我犯过错误；

（2）最重要的七个字是：你干了一件好事；

（3）最重要的六个字是：你的看法如何；

（4）最重要的五个字是：我们一起干；

（5）最重要的四个字是：不妨试试；

（6）最重要的三个字是：谢谢您；

（7）最重要的两个字是：我们；

（8）最重要的一个字是：您。

3. 组织中的信任

产生信任是管理者的重要特质，管理者必须正确地传达他们所关心的事物，他们必须被认为是值得信任的人。

——沃伦·本尼斯

信任的力量是如此之大，以至于你不得不对它加以重视。你仅仅是需要信任你的下属吗？不，组织中的信任远不止如此简单。对于一个组织来说，你的信任包括：

（1）信任你的下属；

（2）你必须值得信任；

（3）管理层互相信任；

（4）信任你的下属。

所谓信任下属，在很大程度上是指信任下属会尽力做事，也会正确地做完，而下属通常不会辜负管理者的期望。但是，在处处指挥、控制、监视的工作环境里，是不太可能激发信任和尊重的。

不信任下属是最不实际、最没有效率、最浪费时间的管理方式。在正常的情况下，管理是将工作目标划分成适当的责任范围，使得下属能发挥最大的潜力。但是，许多管理者总是以为只有自己有能力完成工作，从不信任他人，又对自己有效管理他们的能力没有信心。他们总是事必躬亲，三番两次地检查、做改动，这对生产力大大不利。结果，这种管理作风让他们自食恶果。

如果你对信任下属还是有点糊涂的话，请看看下面这个实例：

克里斯公司因为信任下属而深受尊重。新买下一家商店后，管理层决定拿掉店中的打卡机，用这种方法告诉下属克里斯是怎么做事的。管理层说："我们何必用打卡机来'贬低'他们呢？他们是成年人，他们知道什么时候应该上班，他们知道自己应该尽到的本分。"管理层以实际行动表明他们相信和自己共事的人是值得信赖的，而且是有其重要地位的。依照克里斯的说法，这个故事的寓意是：把人当人看，日子会好过些，而且，你若尊重为你工作的人，长久下来，生产力会比较高。“好好干，要不然……”这样的态度，只在短期内有效。

克里斯公司里的下属餐厅完全以荣誉制来经营——贩卖机不上锁，也没有收银机。下属付账时，自行将钱放入一个敞开的钱箱里。克里斯说：“你要么信任下属，要么不要信任。你若信任他们，就不需要上锁的收银机、打卡机，外加几十个管理员。你若不信任下属，那就不要录用他们。”

在一个自我组织的企业中做领导，我们需要问自己：“我对下属到底有多少信任？他们是否已经表现出了一些自我组织的能力？”这个关于信任的问题会让每一位领导都进行哪怕是片刻的反思。那些鼓励下属参与和自我组织的领导们讲述了令他们吃惊的感受——下属们的才华、能量、忠诚、创造性，甚至爱戴几乎把他们淹没了。而过去他们都错误地认为：下属们只是为了钱才来工作，他们都是自私且狭隘的，他们并不在意企业的兴衰。

4. 你必须值得信任

如果你只是信任他人，你就会处于相对劣势。因为尽管你信任他，认为他会做某事，但是是否去做某事却取决于他的行为，而不是你的行为。所以，他拥有的权力就比你多，因为，你不得不依赖他。假如你给下属授权，告诉他们不必担心因为犯了错误而受到惩罚。但是，如果他们不信任你，认为一旦他们做错了事，你仍然会给予他们处罚。那么，此时你就已经处于劣势了——能不能达到你期望的效果取决于你的下属的行为，而你的下属很可能不按照你期望的那样行动。

怎么办呢？解决方案很显然。你唯有使他们也信任你。这句话的潜台词就是：你必须是个值得信任的人。因为如果他们也信任你会做某事（比如说对他们的错误加以宽容），他们在这件事上就相对处于劣势。

那么，你们便互相制约，权力相当。值得信任是信任的前提，信任是授权的前提。信任下属不仅要形成管理者对下属的信任，更重要的是形成一种双向信任的氛围。这对任何团队组织都适用。要想让下属认为你值得信任的话，必须遵守直接和隐含的承诺，食言肯定会造成极大的信任危机。

请看下面这个不值得信任的老板的例子：

老板雇用李飞时，他承诺将李飞所负责的项目的部分收益分给李飞。可李飞接手项目的时候已经太晚了，毫无任何收益可言。当李飞将收尾工作做好以后，他又接手了一个从一开始就由自己负责的项目。李飞将这个新项目做得很出色，收益颇丰。当老板告诉李飞收益分成只适用于第一个项目而不是后来这个项目时，李飞觉得自己被欺骗了。李飞十分恼火，尽管公司最终还是将应该给李飞的收益给了他，但这给李飞留下了极其糟糕的印象，不久，李飞就辞职了。

有一点是我们须知道的：下属不愿做一个看起来无能的人。信任来源于公正大方，但要想长久维系信任，只有依赖于人们对有能力的上司的崇拜和尊重。要值得信任，你还必须做到公平、公正，偏袒、虚伪、错误的观念和不道德的行为举止，这些会极大地破坏信任。

“我的一个下属有一个想法，我认为他的想法是极其出色的，我把这个想法告诉了我的老板。他的态度是同意下属的观点并立即口述了一个备忘录给各部门经理，令其做出计划并给予高度赞扬。我事后才知道他并未发出那个备忘录，而发出的却是另外一个。他把这个想法归功于自己，也包括我。我不仅觉得自己被欺骗了，还觉得我也参与欺骗了最初有这个想法的下属。这不仅破坏了我和老板的关系，也几乎毁掉了我和下属的关系。”

长期缺乏公平会使人们不再相互信任，不再坦诚相待，但每一个公正和公平的举动却会使事情朝好的方向发展。

5. 管理层的互相信任

当组织中缺乏信任时，最主要的根源就在于管理者自身。互相倾轧，相互怀疑，这给了下属一个危险的信息。那么，管理层如何做到互相信任呢？最为重要的是要有共同的目标和概念，职责和权力要分清楚，对伙伴要充分信任。具体列举以下四种方法：

有共同目标。比如说，你们想开一家现代化的快餐店，具体概念是要有现代化的管理、现代化的机械、创新的经营方式等。所有管理者都会按照这条路去走，不会偏离。两个管理者的职责和权力要分清楚，不应越权。一方的合理决定，另一方自会乐于接受，例如要添置新机器——这是公司机械化的大前提，这个决定是对的，至于具体买哪一种机器，则要由具体的执行董事去决定，当然也可向对方征求意见。

任何情况下要尊重对方、信任对方。对方负责范畴内的小问题，不要随意提意见。当然，公司的大事，则会由董事会议详细讨论，从而实现公司的最佳利益。

任何情况下，公司决定了的计划，双方都要全力执行、全力支持。万一有阻滞或失败，都不要有怨言，这是非常重要的。自己职责范围内有失误，必须承担责任，不可推卸，然后再寻找解决办法。

人对精神、物质奖励的需要是普遍的，社会越发展越是如此。适度有效的激励，可以激发和保持下属工作的主动性与积极性。重视奖励的作用，正确地使用，是管理者的有效管理方法之一。个性化的管理和激励策略是必要的，激起创造者的兴趣和动力，给他们合适的挑战。

建立一套激励体制

作为领导，仅仅了解下属的内心愿望还不够，不要以为多发奖金、多说好话就能调动下属的积极性。人事很复杂，要让他们为你卖命工作，需要你施展更细微的手段。

有几个方法可以让下属的需求获得充分满足，同时又能激发他们的热情和干劲，提高工作效率。

1. 向他们描绘远景

管理者要让下属了解工作计划的全貌及看到他们自己努力的成果，下属越了解公司目标，对公司的向心力就越大，也会更愿意充实自己，以配合公司的发展需要。

所以领导要弄清楚自己在讲什么，不要把事实和意见混淆。

下属非常希望你和他们所服务的公司都是开放、诚实的，能不断提供给他们与工作有关的公司重大信息。

若未充分告知，下属会对公司没有归属感，日子能混就混，甚至离职。

如果能获得充分告知，下属不必浪费时间、精力去打听小道消息，也能因此专心投入工作。

2. 授予他们权力

授权不仅仅是封官任命，管理者在向下属分派工作时，也要授予他们权力，否则就不算授权，所以，要帮被授权者清除心理障碍，让他们觉得自己是在独挑大梁，肩负着一项完整的职责。

要点之一是让所有的相关人士知道被授权者的权责；另一个要点是一旦授权之后，就不再去干涉。

3. 给予他们好的评价

有些下属总是会抱怨说，领导只有在下属出错的时候，才会注意到他们的存在。身为领导的你，最好尽量给予下属正面的回馈，并公开赞美你的下属，至于负面批评，可以私下再提出。

4. 倾听他们诉苦

不要打断下属的汇报，不要急于下结论，不要随便诊断。除非对方要求，否则不要随便提供建议，以免“瞎指挥”。

就算下属真的来找你商量工作，你的职责应该是协助下属发掘他的问题。所以，你只要提供信息和情绪上的支持，并避免说出类似像“你一向都做得不错，不要搞砸了”之类的话。

5. 奖励他们的成就

认可下属的努力和成就，不但可以提高工作效率和士气，同时也可以让其有效建立信心、提高忠诚度，并激励下属接受更大的挑战。

6. 提供必要的训练

支持下属参加职业培训，如参加学习班，或公司付费的各种研讨会等，不但可提升下属士气，也可提供其必要的训练，这会有助于减轻无聊情绪，降低工作压力，提高下属的创造力。

激励机制要诀

激励是一门艺术，是管理工作的核心，掌握和运用激励员工的方法是环境赋能必经的过程，也是管理工作成败的关键，借鉴和学习激励员工的技巧应成为管理者提高管理水平和增长管理才干的当务之急和首要任务。

激励要起到好的效果，必须做到：

（1）洞察下属心理

这是激励的第一步，人之所以做事，是因为有不同的需要（包括物质需要与精神需要），领导必须对症下药。但是，人的内心往往是封闭的，要真正了解下属的想法，必须与下属进行沟通，这需要有很好的沟通技巧，才能与下属真正打成一片。

（2）制订一个具有可行性的目标

了解了下属的心理和需要之后，就应当制订一个特定的、明确的工作目标。这个目标应当对于组织要实现的目标有所贡献，而且目标应具有可测性，可据一定的标准进行衡量。如果下属的目标不具有可测性，他们肯定不会做出很大的贡献。

（3）确定需要采取的行为

让下属明确他们的工作目标，这是至关重要的。下一步就是确定实现目标所必须采取的行为。

（4）决定最佳激励方式

根据每个下属的目标，设定不同的激励方式。激励方式与目标挂钩，也就是与个人需求挂钩，这才能达到最好的激励。应按目标的重要性来决定奖励程度，并且要让下属知道集体目标实现时，他们个人也会受得奖励。

（5）积极反馈

在完成了前面所做的制订目标、选择实施目标所采取的行为、确定适当的奖励方法后，下面要做的就是积极反馈。

寻找下属工作的优点并让他们知道自身的价值被认可，他们就会以更热情的态度去工作。

（6）实施奖励激励

达到目标后，就要进行奖励激励，以期待他们再次取得成功。

激励方式千差万别，使用哪一种方式因人而异。如今，在企业界，最常用的方式有如下几种：

（1）对下属进行赞扬

赞扬是自古以来就有的激励方式，通过对下属所做工作的肯定，让下属心里得到一定程度的满足，感到自己价值的实现，以此激发出他们更大的热情。

《福布斯》的领导者很善于运用“赞扬”这一武器，布鲁斯·福布斯是个很有魅力的人，他和下属接触很多，大家对他的印象非常好。在发节日奖金时，为了避免给人以施舍的印象，他会走到每个人的桌子前面，一个下属也不漏掉，然后握着他们的手说：“如果没有你的话，杂志就不可能办下去。”这句话让听到的每个人都感到心中温暖，一种敬业感及责任感油然而生。

马尔克姆·福布斯同样深谙此道，而且运用得更为巧妙。有一次《福布斯》的印刷承包商送给他一瓶香槟，恭贺这份刊物的订购客户超过二万五千大关。马尔克姆·福布斯立即派人把那瓶香槟送给雷·耶夫纳，并且还在上面附了一张纸条说："这是你的功劳。"主持《福布斯》工作的雷·耶夫纳自然会加倍努力地效力了。

1976 年，《福布斯》杂志迅速成长，从原来的 80 页扩充到 200 页。以《福布斯》有限的人力，要在这么短的两个星期内，填满这么多的版面，不是一件容易的事。往往在稿件送印刷厂的当天，版面还错误百出。原因是以前的杂志属于小杂志制作，程序没有章法，现在杂志体量剧增，没有一套完善的规章制度就行不通了。而克里斯比就是制定这一制度的功臣，正是因为他，才使杂志社的各项工作井然有序。

有一回在一家餐厅聚餐，一名高级主管抱怨他们的公司作业杂乱无章，出了不少问题。马尔克姆·福布斯马上回头对克里斯比说："你快告诉他你是怎么解决我们杂志的问题吧。"

克里斯比感叹："马尔克姆最会找机会赞扬别人。"

事实正是如此，马尔克姆·福布斯在遗嘱里也不忘要给公司下属每人加发一周的薪水，而且凡是欠公司款项低于一万的人可以免除债务。他就是想让大家知道：他对下属在《福布斯》发展事业上所起的作用是感激的。

《福布斯》的领导者之所以不吝惜赞扬，是因为他们深知：唯有雇主和下属关系和谐，才能增加产量。正如《福布斯》的创始人贝蒂·福布斯提到的，他对于值得夸奖的人绝不会吝于夸奖，因为"一般人"一被夸奖，就算他没那么好，他也会因此尽力做好。

赞扬的力量是无穷的，正如奥格威所说的：我们赞赏努力工作的人，实事求是、没有偏见的人，对工作兢兢业业、一丝不苟的人，因为他们相信，这样才会使他们产生无穷的力量，这力量也就是我们企业的发动机。

（2）竞争激励

竞争激励是激励中最有效的手段。英国斯坦利·格林斯蒂德曾说过：我们总是摆脱不了管理问题，我确实感到欣慰的是公司的决策英明，高级职员间彼此竞争，身边有一套得力的人马。

其实，在社会生活中，人人都有不甘人后的心理，没有一个人肯总是跟在别人身后。正是由于人有这种天性，所以在管理工作中，如果采取适当的竞争激励，就可激发人们的竞争天性，激发潜力，形成你追我赶的局面。竞争产生的活力，使下属有了活力，企业也就有了活力。

卫斯廷·豪斯管理下面的职员便是用这种方法。有一次，他对一个一向很努力的熟练工人米勒说："米勒，我知道你做事一向认真，可是为什么我叫你做的事常常不能及时完成呢？你为什么不能像赫尔那么快呢？"

然而，他却对赫尔这么说："赫尔，你为什么不向米勒学习呢？他最近做事比以前快多了。"

过了不久，赫尔因为公事出差刚回来，卫斯廷·豪斯便留下一张纸条叫他做一个铸件，并让他做好马上送到铁道开关及信号制造厂去。

这张纸条是星期六写的，但是在星期日早上赫尔便把这件事办好了。星期日，卫斯廷·豪斯在制造厂看见赫尔便问："赫尔，你看见我留下的纸条了吗？"

"看见了。"

"你何时去铸呢？"

"已经铸了。"

"啊，什么时候可以铸好呢？"

"已经铸好了。"

"真的吗？现在在哪里呢？"

“已经送到制造厂里去了。”

卫斯廷·豪斯看到这种用竞争的方法激励职员赶快做事的效果如此之好，实在感到很惊奇。而从赫尔的角度，他看到老板那种嘉许的态度，自己也觉得非常快乐。

再看一个例子：

在兴旺发达的企业里，文书工作以及从事文书工作的人往往受到轻视。费城的 NCO 财务系统公司是一家拥有 150 万美元资产的代理托收机构。该公司的创始人迈克尔·巴利斯特专门为管理数据输入的职员制订了一个奖励办法，从而解决了文书工作方面存在的问题，工作效率平均提高了 25%，按巴利斯特的说法，这使他不必再雇用、培训和管理一个职员，可是工作质量并没有因此而下降。

每天下班时，只要工作没有留下尾巴，该公司的七名文书都可以得到一个计分点，到月底时，他们当中三名工作最出色的可以分别得到 250 美元、200 美元、150 美元的奖励。为了使其他几名不至于泄气，公司还为他们准备了一个 100 美元的幸运抽奖。

巴利斯特说：“在我们公司里，以往是除了这几名文书外，其他的人都有机会竞争某种奖励或参加某种竞赛。现在大家都感到公平了。”

竞争的确是好的激励方法，然而要真正保障竞争手段达到效果，必须注意：

①要保证公平

如果没有公平的竞争，竞争也就失去了意义，相反，还会激化企业下属的内部矛盾，影响企业的发展。

②竞争形式要多样化

单一的竞争往往会使人感到枯燥，这是由人的天性决定的。单一竞争久了，没有新鲜感，也达不到竞争的目的。

③竞争最好采用集体方式

集体内部竞争是鼓励创新的最好办法之一。例如IBM公司将同一生产线的下属分为几个小组，并相互比较，看哪一组能采用最好的技术及办法，这种集体智慧的竞争更容易做出成绩。

（3）晋升激励

很多下属在企业中有了一定的物质基础后，心理需要更多趋向于更高的职位。这有两种动机驱使：一是一般人都有功名利禄心，如果满足其功名之心，自然会对他产生很大的激励作用。二是希望能更好地锻炼自己，发挥自己的才能，当然，这是在认为自己在企业内部表现出色、成绩突出的基础上，这时，如果领导不提拔他，让他晋升，会导致相反的效果，比如热情降低。

在很多不断发展的公司里，都有一套完整的晋升机制，如果下属达到了一定的要求，领导也认为其有能力承担更大的责任，就会给予他更高的职位。

微软公司设立的晋升制度，不仅使人们在部门内部晋升时产生激励作用，还能在不同的职能部门之间建立起某种可比性。

微软通过在每个专业里设立“技术级别”来达到这个目的。这种级别用数字表示（按照不同职能部门，起始点是大学毕业生9或10级，一直到15级），既反映了人们在公司的表现及基本技能，也反映了经验阅历。晋升要经过高级管理层的审批，并与报酬直接挂钩。这种制度能帮助管理者们招收员工并“建立与之相匹配的工资方案”。

级别对微软雇员最直接的影响是他们的报酬。通常，微软的政策是采取低工资，包括行政人员在内，但是以奖金和个人股权形式给予较高的激励性收入补偿。

由于拥有股票，微软的雇员中有一部分人是百万富翁，这个比例是相同规模公司中最高的。

在微软的这一晋升制度中，确定开发人员的级别是最为重要的，这不仅是因为在微软以至整个行业中优秀开发人员是决定一个公司生存的关键，还因为确定开发人员的级别能为其他专业提供晋级准则和相应的报酬标准。这样，微软就能确保及时合理地奖励下属，并能成功地留住优秀人才。

但是，即使技术级别或管理职务上升得很快，有才华的人还是容易对特定的工作感到厌倦。为了能有效地激发下属的工作积极性并挖掘这些天才们的潜在创造力，微软允许这类人员到其他专业部门里寻求新的挑战，并且规定只有在某一特定领域积累了经验并晋升到一定职位后才能换到另一个部门工作。

激励技巧

激励，很讲究一些技巧，例如，什么时候奖励最好？奖励是纯物质的，还是纯精神的，还是两者相结合？奖励应以什么为标准？……这都是激励中应注意的问题。

1. 激励应以奖为主，以惩为辅，奖罚分明

人是有生命的动物，有了长处，就会有短处；既能在特定条件下表现好，又能在某种条件下表现不足。奖励的目的是扬长避短，因而奖励是种“扬长”，但是为了“避短”又需要一定的惩罚。只有奖励与惩罚相结合，才能真正使长处更长，短处最短。

但是，奖励与惩罚所占的位置是不一样的，奖励是主流，对于一些不是原则上的短处要尽可能减少惩罚或者不惩罚。

美国 MACK 公司老总奥斯威曾说过：我们会尽量了解员工的优点，少知道员工的缺点。

日本某公司是一家专门生产劳动保护鞋的企业，其管理良好的主要一招就是奖罚分明，科学奖励。

该公司有 90% 以上的下属是刚走出校门的年轻人，他们刚进厂时思想单纯幼稚，组织纪律性较差，工作自由散漫，为此，公司运用经济手段，根据“奖勤罚懒，奖优罚劣”的原则，对各级管理人员和生产工人进行严格的管理，收到了良好的效果。

该公司对管理人员规定 36 个不准：即上班不看报，不闲聊，不办私事及打私人电话，私人不会客，不离岗等。对工人规定了 34 个不准：

即上班不串岗，不打瞌睡，不着奇装异服，不迟到早退等，违反厂规厂纪均视情节轻重予以处罚。

所有的各种不同处分（包括解雇、停发奖金、延长学徒期限、大会检讨和罚款等）的决定均由班组公布，以示警诫。对严重违反公司规章制度和破坏劳动纪律的下属，在征得工会组织的同意后，则要被辞退或解雇。据事务部经理介绍，有一年，该公司一共辞退了 12 名合同工。

严格的厂规厂纪和各级管理人员身先士卒的表率作用，使公司形成人人勤奋工作，个个力求上进的良好风气。

在严格劳动纪律的同时，该公司也采取奖励手段促使工人努力生产，关心公司的经济效益。该公司的工资构成是基本工资 + 附加工资 + 浮动工资（凡完成平均先进定额的，按基本工资增加 5%）+ 奖金。奖金发放的原则是多超多奖，少超少奖，上不封顶。奖金的发放权完全交给生产班长，由班长对自己班内每个工人完成当月工作任务的实绩和遵章守纪情况进行每月一次考核打分。以 100 分为标准，指标完成出色的加分，完不成或完成得不好的减分，然后按月底总分发放奖励，管理人员（包括班长）还另有职务津贴。

为了更好地发挥工人的聪明才智，公司还开展经常性合理化建议活动，凡是工人提出一条合理化建议，不论采用与否，一律给予奖励，被采用的合理化建议，则按经济效益大小决定奖励数额。

该公司采用的赏罚分明、科学奖励的制度，有效地调动了广大下属的积极性，取得了很好的效益。

2. 物质奖励与精神奖励相结合

物质奖励是满足下属的物质需要，它是由下属具有物质动因决定的，但是，光靠物质奖励远远达不到所需要的激励，它应与精神奖励相结合，精神奖励是给下属以精神上的动力，以满足其心理动因的需要。

IBM公司为了充分调动下属的积极性，采取了各种奖励办法，既有物质的，也有精神的，两者相结合，从而使下属将切身利益与整个公司的荣辱联系在一起。例如，该公司有个惯例，就是为工作成绩列入前85%以内的销售人员举行隆重的庆祝活动，公司里所有人都参加“100%俱乐部”举办的为期数天的联欢会，而排在前3%的销售人员还会荣获“金圈奖”。

为了表示这项活动的重要性，选择举办联欢会的地点也很讲究，例如到具有异国情调的地区举行，这对于那些有幸获得“金圈奖”的人来说，就更有荣耀感，有几个“金圈奖”获得者在他们过去的工作中曾20次被评选进入“100%俱乐部”，因而，在颁奖活动期间，现场分几次放映有关他们本人及家庭的纪录影片，每人约占5分钟，影片质量与制片厂制作的质量不相上下。颁奖活动的所有动人情景难以用语言描绘，特别应指出的是，公司的高层领导自始至终参加，这更会激起人们的热情。

此外，该公司有时还会做出一些出人意料的决定，以增加公司的凝聚力。有一个下属的业务名片上有一些蓝颜色镀金边的盾牌，这是他25年工龄荣誉徽章的复制图样，同时上边还印着烫金的压缩字：“国际商用机器公司，25年的忠诚。”这就巧妙地告诉你，公司感激你25年来的努力工作。下属拿着这张名片，可以同认识他的每一个朋友分享这一荣誉，对于公司来说，这件事做起来并不难，但是它在下属的心目中激起的感情波澜却是巨大的。由此可见，IBM公司激励人们的办法是何等精明。

3. 激励要采取合适的组织制度

一个合适的组织制度对整体激励是必需的，好的组织制度往往能使下属更好地发挥主观能动性。

松下集团为了能有一个更好的激励组织制度，对传统组织机构进行改造，1933 年首创了松下电器公司事业部专业分工制，刚开始创立事业部时，松下幸之助把他的公司分成三个事业部：第一事业部（无线电）、第二事业部（干电池、灯）、第三事业部（配线器具、电热器具）。

这种事业部专业分工制是基于这样的考虑：每个人的能力有限，但应各有所专，独立进行专门经营，才能深入细致地钻研，从而提高经营效率。在事业部下，每个产品分部都拥有最大的自由经营权，它要求每个人都百分之百地发挥能量，也要求高度灵活地运用全体人员的智慧。依靠全体人员的努力，实行经营民主化，使每个人的工作积极性都被最大限度地激发出来。

松下幸之助本人认为他在 20 世纪 30 年代进行组织革新有自己的考虑：

首先，他给予经理人员一定的独立性，将他们所管辖的产品划分清楚，这样，就能明确地考核他们的工作成绩。

其次，通过事业部使他们自负盈亏，迫使经理人员更加坚定地面对消费者。

最后，他认为事业部制有助于专业知识的形成，而项目经理人员将更快地得到锻炼，因而这种制度能够培养出一批在公司扩大之后所需的能够担任总经理的人才，可谓“一箭三雕”。

在事业部专业分工中，重才用才的精神得到了体现，在全体职工中有一种“扩大职务”的气氛。也就是说，在事业部制的激励下不可能不出现各自想要扩大自己责任的想法。这给下属们留下一个很深的印象：工作不是别人给的，而是自己创造出来的。这种观念一直激励着松下集团全体成员共同为松下事业献力献策，取得辉煌的成绩。

4. 激励要注意沟通

激励必须通过适当的沟通，适当的沟通使公司信息为下属共享，让下属真正感到管理的透明，对公司各种情况有比较透彻的了解，从而培养一种主人翁精神。同时，良好的沟通能起到极大的激励作用，给他们带来巨大的精神鼓舞，通过参与工作及被肯定，使他们感受到自己对公司的重要性，进而转化为为公司做贡献的热情与动力。

沃尔玛公司的激励之道浓缩成一个思想，那就是沟通。他以各种方式进行下属之间的沟通，从公司股东会议到极其简单的电话交谈。他们把有关信息共享方面的管理看作是公司力量的新的源泉。

沃尔玛公司非常愿意让所有下属共同掌握公司的业务指标，并认为下属们了解其业务的进展情况是让他们最大限度地干好其本职工作的重要途径。分享信息和分担责任是任何合伙关系的核心。能使下属产生责任感与参与感，意识到自己工作的重要性，觉得自己受到公司的信任，他们会努力争取更好的成绩。

沃尔玛公司是同行业中最早实行与下属共享信息并授予下属参与权的，与下属共同面对许多指标是整个公司不断恪守的经营原则。每一件与公司有关的事都公开。在任何一个沃尔玛商店里都公布该店的利润、进货、销售及减价情况，并且不只是向经理及助理们公布，而且向每个下属、计时和兼职员工公布各种信息，鼓励他们争取更好的成绩。

萨姆·沃尔顿曾说：“当多次看到某个部门经理自豪地向我汇报他的各个指标情况并告诉我他的部门位居公司第五名，并打算在下一年度夺取第一名时，没有什么比这更令人欣慰的了。如果我们管理者真正致力于把买卖商品并取得利润的激情灌输给每一位下属和合伙人，那么我们就拥有了势不可当的力量。”

沃尔玛公司的股东大会是全美最大的股东大会，每次公司都尽可能让更多的商店经理和下属参加，让他们看到公司全貌，做到心中有数。萨姆·沃尔顿在每次股东大会结束后，都和妻子邀请所有出席会议的下属举办野餐会，在野餐会上与众多下属聊天，大家一起畅所欲言，讨论公司的现在与未来。

通过这种场合，萨姆·沃尔顿可以了解到各个商店的经营情况，如果听到不好的消息，他会在随后的一两个星期内去视察一下。股东会结束后，所有的下属都会看到会议的录像，并且公司的报纸也会刊登股东会的详细报道，让每个人都有机会了解会议的真实情况。萨姆·沃尔顿说：我们希望这种会议能使我们变得团结更紧密，使大家亲如一家，更有热情及战斗力，为共同的利益而奋斗。

总结沃尔玛公司的成功激励经验，交流沟通是很重要的一方面。管理者尽可能地同他的"合伙人"进行交流，下属们知道得越多，理解就越深，对事务也就越关心。一旦他们开始关心，便什么困难也不能阻挡他们。如果不信任自己的"合伙人"，不让他们知道事情的进程，他们会认为自己没有真正地成为合伙人，就不会为公司尽心尽力。情报就是力量，把这分力量给予自己的同事所得到的利益将远远超过将消息泄露给竞争对手所带来的风险。

5. 选择多种激励、奖励方案

有时公司的奖励未能产生理想的结果，这很可能是奖励有不切实际之处，未能调动起员工的积极性。这时，就要考虑能否采用别的奖励方案。

普莱米尔公司的总经理菲尔·罗伯茨发现，他制订的30天激励员工竞争方案只在第一个星期产生了一点作用，后来，员工就不感兴趣了。他的公司在丹佛开设了六家餐馆，最后，满腹不快的罗伯茨向员工们征询奖励的办法，得到的回答令他很惊讶。他了解到，很少有人对奖励的观念感兴趣，甚至可以说几乎所有的员工都不把这些奖金当回事。

后来，罗伯茨经常向员工了解他们的想法，而且提供多种可供选择的方案。他也认为，这样做虽麻烦了一些，“但是这能使我们在竞争中立于不败之地”。

皮格瑟健康中心的总经理柯克·麦利奇在公司招募新的健身训练员时，就让他们自己列出一张每周或每月能够达到的训练指标，及自己愿意接受的奖励项目表，奖励项目的价值从25美元到200美元不等。

他手下的15名雇员并没选择多数人都会选择的项目，而是选择了摇滚音乐会票、租用高级汽车和半个月休假等。

虽说不能完全归功于这种因人而异、随意选择的奖励办法，但是该公司的盈利近五年来确实已增加了一倍多。

麦利奇说：“我们让他们进行多种选择，是因为我知道，他们自己更清楚真正喜欢什么。”

6. 重奖励

在一些特殊情况下，为了尽可能激发下属的积极性，可采用重奖。

丹尼尔汽车运输公司的司机们在几条公路上跑了多年后已经感到厌烦了，而且曾一度使这家拥有430万美元资产的公司面临效率下降、雇员流失及成本上涨的不利局面。

总经理拉里·丹尼尔认为：“要想提高效率并非难于上青天。”他告诉司机们，如果他们能减少成本，节余都归他们。此后，司机们真的从购买廉价汽油、寻找捷径和提高每加仑汽油行驶的里程中得到了节余下来的实惠，有的司机每年得到的奖励竟高达2500美元。雇员流失率也因此下降25%。另外，由于减少了运输路程，该公司的运货卡车的磨损率也降低了。

激发下属的工作潜能

常听到管理者和经营者抱怨：“现在的年轻人对工作一点也不热衷。”

或许是因为有越来越多的人，认为物质生活充裕，不必工作也有饭吃，“与其忙碌不休地工作，不如平平凡凡地过日子”。

的确，现在的年轻人在精神上都少了一股冲劲儿，但也有很多年轻人对工作十分投入。

体育界、演艺界、艺术界中的优异人才，都是自发自动，而不是被动的。

在商业界中，也有不少意气风发的年轻人，但有些观念老旧的企业家却坚决地认为：“因为经历过苦难的时代，所以会积极地去追求自己的理想，相比之下，现在的年轻人生活富足，无忧无虑，就不懂得为将来做打算。”其实首先要认清的一点就是，热忱和年龄无关。

要怎么激发下属的工作热忱呢？最好先从那些“有工作热忱的人”身上，找出共通点。这些共通点就是：

（1）他们有明确的目标。

（2）很了解自己的个性和能力。

（3）希望被赋予有责任的工作。

在我们身边常有很多昨日的“问题儿童”，只要遇到好的指导者后，就能脱胎换骨，变成今日的“优秀人才”。

居于指导地位的人要知道，发掘个性和潜能是激发工作热忱的关键，也就是真正的指导和教育。如果能做到这一点，做事就有目标，自己也会有使命感。在物质生活富饶的今天，这一点显得格外重要。

人是需要激励的动物，特别是在自己做出了巨大的成绩时，总是希望有人走出来肯定自己、赞扬自己。

有人在辉煌之时郁郁寡欢，最后因忧郁而死；有人在取得一定的成绩之后，更上一层楼，取得令人惊异的成绩。可见表扬、鼓励对一个人的人生发展是多么重要。

1. 充分评价下属

下属在成功了之后，领导一方面要给予充分的肯定，同时有意拔高一点也未尝不可；另一方面要劝他认真地看待现实的成功，继续不懈努力以争取更大的成功。这样既满足了下属的心理，又起到了教育鼓励的作用。

如果下属做了一系列的工作才最后取得成功，领导在表扬下属之时，就应抓住最关键的几点加以充分评价，这样领导手下的人才会认为领导对事情的认识入木三分、洞若观火，敬重之情油然而生。

表扬之时还应注意的是态度要诚恳、感情要真实，要让下属感到这是领导面对自己的成功时内心的抒发。通常领导还要伴以必要的手势，如拍着下属的肩、牵下属的手等，这会使下属从心底感到一阵暖流。但如果表扬不恰当，下属可能会认为领导有意讽刺、戏弄自己，从而对领导怀恨在心。

场合的选择对表扬的效果也不一样。人是希望被人看重的，他不仅想得到领导的重视，而且还希望得到同事的尊敬。如果管理者在众人的场合下对成功的下属表扬一番，既满足了该下属的虚荣心从而达到激励的目的，而且还可相应地促使其他人奋发进取。

有时还可夸大一点地对下属进行表扬。据心理学研究，只有当一个人的评价超过了他的成绩时，他才能感觉到那是一种荣誉。表扬与其取得的成绩恰好相合，往往他会认为这是理所应得的，而有意夸大一点则会使下属感受到自己存在的重大意义。

总的说来，对取得成功的下属以充分的表扬是其进一步开拓进取的动力，也是管理者充分发挥下属优点的关键。

2. 表扬每一个进步

事业之初，下属往往会感到艰难和孤独，在失意之时听不到一句鼓励的话语，成功时也没人向他们祝贺。在这个时候，如果得到的即使是只言片语的表扬，那也是令人兴奋不已的，从而也就能更加坚定了信心，努力把事做好。

有些人以为，只有大的成功才有意义去表扬，小成绩无足轻重。其实这种见解是片面的。

当一个下属是初次走上一个工作岗位时，他会陌生于这里的环境，如果在做出一点小成绩时就得到了领导的表扬，那么，他的信心就能立刻树立起来。

担任企业资源开发公司总经理的麦克斯·卡雷在 1981 年创立以亚特兰大为中心的销售和市场服务公司就曾经历过步履维艰的困窘。当时，他的手下只有一个临时雇员。按他的话说："大的成功离我们太遥远，我们几乎感受不到任何激励。"他想出了一个决定：每次获得一个小成功都要自己庆贺一番。

卡雷出去买了一个警报器，还配了扩音器，这样就能发出救护车的声音。如果他在电话中宣传自己的产品时能绕过培训部主管，直接与那家公司的总经理通话，就要鸣笛庆贺一次；如果收到一大笔订货，警笛也会鸣响。如今，他的公司已拥有 100 多万美元的资产和众多雇员。每个星期，警笛声大得要在公司内回荡 10 次。每当知道有好消息时，大家都要出来听他们的同事对刚刚取得的成功“夸耀”一番，这也为大家提供了互相交流的机会。卡雷说：“我们的雇员经验还不够丰富，无法取得巨大的成功，所以这种庆贺也是一种很大的鼓励。”正是用这些小进步来进行临时的表扬、鼓励，才使卡雷的公司取得了惊人的进展。

马斯洛说过：人类最高的欲望就是“自我实现”，要让不为金钱所诱惑的人，能拥有工作热忱的唯一方法，就是让他们对自己的存在价值有所觉悟，如此才可能发掘出他们的潜能。

人事赋能，让员工自由成长

人事赋能，就是要给员工一个自由发挥的空间，压在五行山下的孙悟空会七十二变，再厉害也是有招使不出。因此，企业应多给“孙悟空”发挥的余地，在人事管理上进行赋能授权，令员工拥有更自由的工作空间。身上少几座“五行山”，让员工成为那个无所不能的“齐天大圣”。

充分发扬赋能放权的用人制度优势

知人选才不能以领导者一个人的印象为标准，还要靠员工反映。走员工路线来识人选才，就相当于用众人的眼睛在观察，相当于用众人的耳朵在打听，通过这种办法选拔出来的人才比较可靠。反映到知人选人上来，我们则把依靠员工发现和识别人才称之为“员工路线法”。

应当承认，近几年来在选拔人才工作中，往往存在着一种“神秘感”，认为这是“上级的事”“业务部门的事”，员工万万不可涉及。只有在绝对保密的情况下进行，才能保持员工思想的平稳；只有领导和业务部门掌握方针政策，才能保证选好人才等。由于“神秘感”的存在，所以识别和选拔人才工作往往局限在少数领导和业务部门中，出现不少弊端，看错人的现象屡屡出现。使用员工路线法识人选才就能较好地克服这些弊端。具体说来，它主要有三个特点：

（1）准确性

孟子指出：“有事君人者，事是君则为容悦者也；有安社稷臣者，以安社稷为悦者也。”就是说，有的人侍奉君主，是为了邀宠讨好；有的则不为讨好，属于以安定国家为己任的贤臣。现实中也有类似情况：有的人做工作是专为了邀宠讨好，专做给领导看；有的人则兢兢业业地实干，不愿故意造作而取悦领导。后一种人虽有德有能，但有的领导却不予注意；前一种人虽无德无能，却常常能得到一些领导者的赏识，从而造成不选人才选庸才的情况。若注意听取员工意见或实行员工选举，就会有助于避免此种失误。因为百般逢迎的讨好者可以“骗”得过一两位领导，但却逃不过广大员工的眼睛；而那些不善迎合却实干的人，员工不仅能看得清清楚楚，而且自会有公正的评价。

（2）广泛性

领导用人领域较为突出的问题是识人选才的范围狭窄，形式单一。有权选人的只是少数决定下属命运的领导者，大多数人没有选人权力。在选人的方法上主要采用领导提名任用，而且能够进入领导者视野的又往往是身边的几个人。因此，下属的任用在很大程度上带有机遇性和依附性。这样，就会使众多的优秀人才因不能进入领导的视野而被埋没。因此，运用员工路线法去识人选才就可以扩大视野，广泛地挑选人才。

（3）积极性

通过发动员工荐举人才，员工信任谁就投谁的票，不信任谁就不投他的票，往往被选出来的都是员工信任的人才，因此在心理上容易认同，容易服从领导安排，容易尽力协作，容易激发起当选者强烈的光荣感和责任感，成为新的动力。所以，每个领导者都要认清这些特点，走出办公室，深入群众，坚持员工路线法识人选才大有好处。

员工路线法的类型是多种多样的，从领导工作的实践看，主要有民意测验、员工自由评议和民主推荐。

（1）民意测验

民意测验是以数学和统计学为理论基础，以口头询问、书面调查、综合计算为主要方法来调查员工对某一问题的意向。体现在领导识人的问题上，则是通过民意测验来调查员工对领导用人的意见和希望。民意测验有较大的准确性。它的目的是在不受任何压力和干扰的情况下，使员工得以充分自由地反映自己的真实意见，并对这些意见进行综合分析，借以对某问题做出调查结论或做出决策。领导者识人选人中的民意测验既不同于典型调查，也不同于普通调查，采取这种方式要注意：①要有明确的目的和调查内容，提问题不能含糊，回答力求准确；②挑选调查范围十分重要，调查的时机也要适当，不宜过早或过迟；③必须有一种赋能放权的无拘束的气氛。总之，事先要进行精心的计划和良好的组织工作，才能取得效果。

（2）员工自由评议

目前主要用于评议各级领导干部。它是由下属对领导者一个时期的决策能力、工作态度、工作成绩以及其他表现等进行心理测评，让称职者继续担任领导工作，不称职者免职或调换其他工作岗位。从广义来说，自由的评议还包括员工自我评价和员工与员工之间互相评议。通过评优、评先，使领导者进一步认识人、了解人，为领导者用好人提供心理依据。这种方法，现在已经被越来越多的单位所采用，实践证明是行之有效的。

（3）民主推荐

这种方法是由员工推荐适合从事单位需要的工作或岗位的人员。发动员工推荐人才，是一种很细致的工作，不能简单了事，要加强组织领导工作。①要做好思想准备。就是对员工搞好思想动员，讲清推荐人才的目的与意义，提高思想认识，消除思想顾虑，让员工怀着强烈的责任感进行自由的推荐，不是“奉命”推荐；解释德才标准，提出掌握德才标准应注意的政策问题，使员工掌握推荐的“武器”；根据本单位的实际情况和推荐的人选问题，交代注意事项，提出具体要求。②要做好组织准备。领导和业务部门要通盘考虑并计划人才的进出，对需要调整的人员事先做好工作，做好安排。同时，还要按照员工结构的要求，对所需的人才研究出一个预案。③要做好业务准备。就是业务部门为发动员工自由自主地推荐提供必要的准备，如提出初步计划与方案，查阅有关档案，设计合理有效的推荐表，拟定专业民主的推荐方法、步骤等。

应当注意的是，员工路线法的一个最大特点是“赋能放权”，所以不管用哪种方式识人选才，都要求实行“三公开”：一是名额公开。选拔什么人才要向员工讲明，这样可以使员工扩大视野，掌握标准，避免选出的人才职能不当。二是实绩公开。除对选拔人员的政绩、生活问题应该个别进行外，对学习、思想、工作，特别是实绩方面的情况，应该公开。这样便于员工把平时观察到的情况和领导提供的相统一，便于员工纵横比较，优中选优。三是结果公开。不仅要把结果向员工公布，而且还要向被选者本人讲明，这样便于核实情况。

采用员工路线法特别是赋能放权的形式识人选才，不能代替领导者进行考查和最后决断。在考查和决断中，防止打着“走员工路线”的幌子，把领导主观意志强加给员工；也要防止对员工意见不加分析，员工说怎么办就怎么办的极端化现象。为此，作为领导者要十分注意四种情况的处理：①对于领导预案和员工推荐一致同意的人，要大胆使用，这样的人一般来说是单位的“尖子”，符合要求，具有坚实的员工基础，即使其还有不足，也不致妨碍使用。②领导没有列入预案而员工一致推荐的人，重新考查，符合条件者应予以使用。领导考查出现漏洞不可避免，所以对待员工的推荐应持虚心、慎重的态度。对员工一致推荐的人应进行重新考查。确实符合条件的要尊重员工意见。③领导准备使用，但员工一致不满的人，一般不用。由于领导事先考查不深不细，而认错了人的情况也时有发生，有时把那些善于阿谀奉承、投机钻营，而又无本事的人选中了，员工当然不满意。如果不尊重员工意见而予以使用，将会引起员工强烈反对。④个别由员工推荐上来有问题的人，坚持不用。有的人不符合条件，或者有不宜公开的问题，员工不清楚，被推荐上来了，应坚持公司原则，能解释的就解释，不便解释的就内部掌握。总之，只有真心实意地走员工路线，“以一国目视，以一国耳听”，在充分发扬赋能的基础上认真研究，尊重员工合理意见，达到领导与员工意见基本一致，才能把员工公认的有真才实学的人识别和挑选出来。

不要过多指责员工

金无足赤，人无完人。人各有所短，如果求全责备，挑剔缺点，就很难识别人才。一个人，往往长处突出，短处也突出。对于德才兼备，我们也不要绝对化，要做到德看主流，在选拔人才时如果能见其所长、避其所短，就能正确发现人才，使用人才。尤其要特别注意去发现那些虽有缺点，但有才能的人。

1. 一个人的优点和缺点常常是相伴的

有时，甚至才干越高的人其缺点可能越引人注目。例如，一个人进取心强，敢冒险，敢闯前人没有走过的路，有时难免会有处理事情不周全的问题；一个人有魄力，有才干，不怕闲言碎言，不怯权威势力，难免有时显得过于自信和骄傲；一个有毅力，有倔劲，不达目的誓不罢休的人，难免有时主观、武断。对这些人，如果我们求全责备、弃而不用，那么，就会失去一大批精明能干、勇于开拓的人。

克雷洛夫有一篇寓言，说一个人因为怕剃刀快，而弃之不用，改用很钝的镰刀刮胡子，结果不仅胡子没有刮干净，还因用力过度将脸刮破，血流不止。

克雷洛夫最后写道："我看好多人也是用这种眼光来衡量人才，他们不敢使用一个真正有价值的人，只会用一帮无用的糊涂虫。"我们要从这个寓言中得到启示。

2. 不夹杂个人成见

人之不同，各有其面，各有特点，很难说哪个特点好与不好，只能看如何安排使用，如何发挥其特点、特长。选人用人如果以符合自己的标准，实行唯亲、唯顺、唯派来进行，如此所选的人才，往往与该领导者十分相似，几乎成了他的“复制品”，这是领导者一种自高自大的膨胀表现。

“人非草木，孰能无情”，领导者在日常工作中，与下属之间讲友谊、重感情是无可非议的，但如果把感情因素加入对人的选拔任用中是十分有害的。

《韩非子·说难》中介绍了这样一件事：卫国法律规定，私自驾乘君王之车的人，要处断足之刑，可当时卫君的宠臣弥子假，有一次因母亲病了便擅自驾君车出宫探母。卫君得知，不但不予治罪，反而称赞他是个孝子，为了探母竟不顾断足之刑。此后，该人又与卫君同游果园，咬一口桃觉得好吃，便将咬过一半的桃子送给君王尝。卫君赞扬他说：“你真是对我忠心呀，为了给我好桃吃，竟连啃过的一半也不顾了。”数年后，弥子瑕失宠，卫君又评价说：“他早就犯了擅乘君车、让我吃他啃过之桃的欺君大罪。”

本来是同人同事，得到的评价却是一褒一贬，天壤之别。这种现象，是君王对臣子的感情发生了变化所致。看问题角度不同，评价标准不一，对同一件事便会有截然不同的结论。应该看到，现实中的选才尚无具体、规范的标准，不论是哪种选才方式，都没有一个确切的尺度，而多以选人者主观标准去评估，这就难免掺杂诸多有意无意的感情因素，导致对同一人选产生不同的看法，使一些合适人选常常在争吵声中、在不同意见的平衡中被淘汰。

3. 不窒息人才

为了使人才队伍生机勃勃、富有活力，在大体上保持人才队伍相对稳定的情况下，要有计划有步骤地实行人才合理流动。所谓合理流动，就是根据事业发展的需要，让人才到更广阔的天地里大显身手，有所创造，多做贡献，而不是把他们禁锢在狭小的环境里，人浮于事，埋没人才，窒息人才。这种流动，不单是指工作调动，包括兼职、暂借使用等多种可用形式。

人才合理流动，有利于活跃思想，交流经验，提高工作效率，多出成果。人才合理流动可以给人们带来一种新鲜感，使员工开拓新的思路，增添一股干劲，成就一番事业。

授权放权，发挥人才的专长

1. 发挥人才的能力特长

“骏马能历险，力田不如牛。坚车能载重，渡河不如舟。舍长以就短，智者难为谋。生材贵适用，慎勿多苛求。”这是清代诗人顾嗣协写的《杂兴八首》，诗浅显易懂，说明了用人贵在人尽其才。

现在不少地方、不少单位竞相开发、招揽人才，许多领导费了很大精力、用了很长时间来培养人才。然而有些领导者往往忽略了人才的合理使用，没有将下属安排到合适的岗位上，造成了人才的浪费。要想解决这个问题，领导者一定要有系统思想，从全局的长远观点来看待问题。

（1）掌握下属的能力特长，做到心中有数，尤其要注意那些从外表一时看不出的“隐性才能”。

（2）根据工作性质、特点的要求，在下属的分工上做到扬长避短，并根据使用中暴露出的问题及时调整，一时不能到位的，要提前做好工作。

（3）对学有专长并适宜于某类工作的人才，不要因成绩突出而让其随意改行，防止舍长就短。

（4）对具有较强的其他才能的人要果断委以所任。专业人员一般不轻易改行，但其确实适合别的工作就要灵活处置。

（5）用当其才还要求破除“人才单位所有制”。领导者要有宽阔的胸怀，允许有合理流动，使那些身怀绝技而工作不对口的人才有用武之地。

2. 要爱护人才

绝对不能今日用得着就另眼相看，明日用不着就弃之如敝屣，特别是有妒贤嫉能之心的人，本身就不配当领导。美国汽车界巨子李·艾柯卡在他的自传《反败为胜》一书中，非常痛心地批评了福特汽车公司的亨利二世，指出亨利二世有一个极大的恶习，就是不喜欢任何人超过他自己。因此在亨利二世掌权期间，许多杰出的人才不是被他扫地出门，就是自动辞职另找门路。这种为渊驱鱼、为丛逐雀的政策，只能是挖自己的墙脚，不会有任何的好处。

3. 理解和宽容人才

尺有所短，寸有所长；人有其长，必有其短。从群体看，是人才必有出众之处；而从个体看，人才又有他的独特之处，一般不会随波逐流，趋炎附势，常常对上司不亲不热。异才者常不拘小节，恃才自傲往往是其通病。人的优点越突出，缺点也就越明显。汉武帝在《武帝求茂才异等诏》中说千里马有奔驰的长处，也有落拓不羁的缺点。奇人奇才既有大志，往往又恃才自傲，不流俗随众，对这种人才求全责备，势必会将其才能埋没。

所以，用人不易，容才更难。有的领导者身边虽有人才，但彼此之间矛盾重重，关系紧张；有的人才本来是领导者自己选来的，但没过多久便后悔不迭，“早知如此，何必当初”，最后不得不将其调离。观察可见，在许多情况下，一个心胸狭窄的领导者所在乎的往往不是人才的缺点，而是人才的特点。既是人才，必有他自己的独到见解，必对自己的观点、见解及才能充满信心，因而和领导者的意见时长相左。既是人才，由于忙于求知做事，自然没时间和精力去维护关系；有的甚至不懂人情世故，或不知社交礼仪；有的不顾领导情面，不分场合地直言不讳，这些恰恰容易被人视为“狂妄”“傲气。”

管理者应该具有容人的度量，善于理解和容忍人才的缺点和短处，肚能撑船，虚怀若谷，不斤斤计较。至于那种嫉贤妒能，容不下高于自己的人，看似是无容才之量，实质是无爱才之心。这种人严格来讲，根本没有资格当管理者。

4. 把工作放心交给人才

工作授权是人才培养的主要方法。其实，人的能力主要是干出来的。还是那句话，实践出真知。

（1）给课题，培养人的工作能力。航天某基地设计所人才辈出，到这里的人会感到一种很强的青年人的蓬勃朝气，不少人三十几岁就担任要职，成了研究员，或成了型号负责人，原因是这里有能大胆使用青年人的管理者。他就是利用型号研究任务把青年人聚拢起来，又把他们提拔上去的。日本索尼公司的盛田昭夫就说：“每个人都有做创造性工作的愿望，行政领导的工作就是给出课题，培养兴趣，并鼓励其发挥真正的能力。”

（2）交权力，培养人的素质。权力似乎是个人需要避讳的字眼，可实际上，培养领导者，没有权力是很难出人才的。他不在其位，便没办法体会那个位置的具体工作，也不可能受到只有在那个位置上才能受到的各种锻炼。人才，只有大胆使用，才能培养起来。盛田昭夫说得更为明确：“培训一个人的最好方法就是把权力交给他。没有权力和责任，就很难使一个人自我完善。”把人放在一定的位置上，他就会产生压力，产生责任感，产生完善自身的推动力，产生联系群众、依靠群众的愿望和行动。

（3）给台阶，积累工作经验。干部是从实际工作中锻炼出来的。一般说来，越级提拔常常会产生被提拔者无经验和不称职的现象，而有害于事。领导工作的能力要从下层的实际工作中成长起来。领导者要顺着台阶上，一般的意义是说，领导者要有深入群众、熟悉专业、积累经验和经受考验锻炼的过程。特别优秀的，要给他们搭个比较轻便的梯子，使他们越级上来。

5. 让每个员工都成就一番事业

现代企业里的每一位员工都有不可低估的潜能，而且每一位员工都有将这种潜能加以发掘、成就一番事业的欲望。但企业里既定的工种又抑制着他们发挥潜能、施展抱负的可能。这既定的工种同员工的创造欲望便产生了不可调和的矛盾。如何将这不可调和的矛盾化解为既有利于企业创造最大利润，又有利于员工发挥最大潜能呢？下面这种管理方法值得一试——就是建立企业员工内部创业制度。

在这方面，日本管理学界和日本企业界的许多做法很值得我们借鉴。这里略举一些例子。

在实行内部创业制度方面，资生堂可以说是最有经验的公司了。这家全日本最大的化妆品制造厂，早在 1987 年 10 月，就利用电脑储存了共 7000 名员工的各种证书及技能资料。这类资料对公司发展多元化业务大有裨益。

后来，资生堂又创立了内部创业制度，邀请企业里所有员工参加。只要员工提出了新的富有创意的生意设想，公司都会予以采纳存档，一旦被采用了，便会获得公司提供的 1 亿日元的资金，去实施他的新创意。这种做法极有利于提高员工的积极性。

第一个内部创业计划在 1992 年便已开始实施了。这个计划是由佐藤申报的。佐藤原是一个普通的职员，他的最大爱好是健身，这个爱好给他带来了创业的机会。现在，佐藤已是资生堂健身室的经理了。

建立企业内部创业制度有许多好处，它对于稳定企业职工队伍同样有着不可低估的作用。员工之所以要辞掉现有的工作而另谋他就，很大一部分不是因为酬劳，而是因为怀才不遇。所以，建立企业内部创业制度，以使员工人尽其才，是绝好的一种人事管理方法。

现代企业之间的竞争是科学技术的竞争，是创造发明的竞争，是人才加技术的综合竞争，谁拥有了精新的技术和精良的人才，谁就可以在竞争中站稳脚跟，立于不败之地。

技术的竞争说到底还是人才的竞争，因为只要有了人才，什么奇迹都可以创造出来。在企业里，作为人事管理者，应当想方设法最大限度地发挥员工的积极性，激励员工的创新精神，让他们把创新作为自己的信仰，永远铭记于心间，用毕生精力为之奋斗。倘若做到了这一点，那么在员工创新方面的人事管理工作便是成功的。

怎样才能让员工富有创新精神，积极主动地把一个个美妙的设想转化为金子般的产品，从而使企业获得最大的成功，获得最大的经济效益呢？

正面鼓励和从重奖励有功的创新人员都是十分必要的。让每个员工都知道创新之后将得到的是丰硕和甜美，使他们朝着这个目标去努力，是一种必然可行的管理办法。同时，对于那些力图创新，却没有获得成功的员工，也应当正确善待，不要打击他们的创新欲望和热情，而应当是——即使创新失败了，也会得到应有的鼓励和奖励。这样，才会给每一个员工特别是创新欲望十分强烈的员工营造一种宽松、和谐的氛围，使他们在这种氛围中不断地释放出自己潜在的能量。

在这个方面，3M 公司的做法很有新意，值得我们借鉴。

该公司在人事管理方面有一招十分特别，那就是著名的“15% 时间定律”的主要内容如下。

为了充分调动公司科研人员的积极性，保证他们有足够的时间、有足够的信心和热情去从事科研工作，公司允许有15%的上班时间由科研人员自己自由掌握、支配，以便让他们从事自己感兴趣的而公司又尚没有立项的科研项目，即鼓励他们谋求创新。同时做出了如下相应规定：

第一，提出了绝妙新创意的员工，可以获得5万美元的创始补助金，作为该项新创意付诸实践的启动资金。

第二，经常给科研人员鼓励、打气，鼓励他们积极尝试、努力创新。

第三，对于创新有功的科研人员或者其他员工，公司给予重奖，树为公司的“创业英雄”，号召公司所有员工都向他看齐。

第四，对于热衷创新，但暂时还没有获得成功的员工，或者创新彻底失败的员工，绝不打击，而是保证不追究创新失败的责任。对创新失败了的员工给予适当的物质奖励和精神鼓励，激励他们认清“失败是成功之母”这个道理，从头来过。

3M公司这种人事管理招式是十分成功的。该公司在这种人事管理方法的引导下，由一家只生产纸和胶带的小公司，发展成为一家包括压敏胶带、无纺材料、陶瓷、磁性材料等16种核心技术的跨国大公司，先后开发出6万多种创新产品，从光导纤维到人造心脏，从塑料滤膜到熟肉包装纸等，五花八门，一应俱全。3M公司的成功足以证明该种人事管理招式是十分有效的。

在现代企业里，年轻的员工是企业的新鲜血液，是企业永远保持旺盛生命力的依托所在。因此，成功的企业总是注重对年轻员工的培养工作，以便让他们迅速成长起来，充实到企业生产的第一线，让他们充当企业的生力军。在现代企业里，人事管理者在培养年轻员工方面要做的工作有许多，其中最重要的一点，就是要不断地创造优良环境，让年轻员工迅速地成长起来。

这里我们不妨举几个例子，来说明人事管理者应当怎样创造条件让员工成长。

例一：创办年轻员工研修班。

这种方式是日本汽车制造企业马自达首先创设的。1991年5月，马自达公司正式实施“年轻员工研修班”制度，具体做法如下：

凡工龄达到五年左右的技术部门年轻员工，都必须参加马自达研修班，由科长级主管干部任班长。班长和班级成员通过座谈方式，针对技术、人生等相关问题进行探讨，以启发年轻员工的才智，同时也使一向沉闷、严肃的技术部门变得活泼而充满生气。

班长人选由人事部门物色，具有权威性，是在群众中威信高及办事效率突出的科长级主管。经过各部门的推选与评鉴后，由人事部再做最后的决定。通常一名班长带领十名研修人员。

研修班的活动一般利用工作以外的时间进行，以班长为中心，采取围坐在一起或者一边进食一边讨论的方式，就个人对技术、工作、人生、社会、日本与马自达的未来等问题，进行广泛的讨论，必要时也与其他公司进行意见交流，内容偏向于联合聚会形式。

马自达公司这种培训员工的方法新颖独特，成效显著，很受参加者的好评。自从创办以来，一直被年轻员工视为成才的最佳途径。马自达公司不仅扩大研修班的规模，还正式把研修班作为企业人事管理的法定内容。

例二：兄弟制度互助共学。

兄弟制度互助共学是神户制钢所1992年创立的人事管理新招式，它的目的是培养教育年轻员工，开发他们的能力，为企业早做贡献。具体做法是：每位新进入企业研究部门的年轻员工，都必须同一位在神户制钢所工作达五年以上的资深研究员结成对子，由结对的资深研究员负责对新来的年轻员工进行培养教育工作。

这种一对一组合方式的兄弟制度规定每三年为一个指导阶段，具体操作方法是：先由结对的资深研究员订出“业务目标计划”，从研究项目主题的难易、紧急程度，重要性，时间分割等各个方面，将目标分为A、B、C三个阶段，分期检测目标成果达成的比率。成果的验收则由结对的研究员和直属上司分别执行，定期每年的3月和10月进行综合的成绩评定工作。组成对的两人，要将计划、成果、工作中遇到的问题一一记录下来，作为平时彼此探讨的话题。

实行兄弟制度人事管理方法，可以使企业里新、老员工之间有一条紧密联系的纽带。朝夕共处、相互切磋的结果，使新、老员工之间培养出犹如兄弟般的情谊，使一向冷漠的研究开发部门，变成了人情味洋溢的场所。这对促进研究开发工作，迅速提高新员工的工作能力，有很大的作用。

不管采用哪种方式去培养年轻员工，传、帮、带都是必不可少的，这是企业里人事管理者每天都应当提到议事日程上来的重要课题。

放权任人

1. 我国古代的许多领导者就懂得放权任人

唐玄宗李隆基即位初期，任用姚崇、宋璟等就很讲究用人之道。有一次，姚崇就一些低级官员的任免问题向唐玄宗请示，连问了三次，唐玄宗都不予理睬。姚崇以为自己办错了事情，慌忙退了出去。正巧高力士在旁边，劝李隆基道："陛下继位不久，天下事情都由陛下决定。大臣奏事，妥与不妥都应表明态度，怎么连理都不理呢？"唐玄宗说："我任崇以政，大事吾当与决，至用郎吏，崇顾不能而重烦我邪？"表面上看，唐玄宗是在批评姚崇拿小事麻烦他，实际上是放权姚崇让他敢于做事。后来姚崇听了高力士的传达，就放手办理事情了。史载姚崇"由是进贤退不肖而天下治"。正是因为唐玄宗敢于放权用人，使各级官吏都能充分发挥自己的才能，才开创了著名的开元盛世。

2. 现代经济条件更要求企业领导者放权任人

劳勃·盖尔文，1964 年继承父业，担任摩托罗拉公司的董事长兼最高主管。他掌管公司以后，"将权力与责任分散"，以维持员工的进取心，摩托罗拉公司从而竞争力大增，业务突飞猛进，利润在 1967 年增加到 5 亿美元，1977 年又增加到 20 亿美元。盖尔文说："公司越大，员工越渴望分享到公司的权力，在比较大的公司，每一个人显然都希望感觉到自己能支配权力。因此，我们现在要做的，正是把整个公司分成很多独立作战的团队，因为只有这样才能够使大部分人都分享到盖尔文家族拥有的权力和责任。"他还说："通常，我们计划的原则仍然是尽量创造机会，让比较多的人参与管理工作，分享权力与责任。”事实已经证明，盖尔文的放权策略是成功的。

放权任人，不仅能够减轻领导者自己的工作压力，更重要的是，能够增强员工的责任感和积极性，极大地利于企业的发展。因此，领导者在任用人员时要敢于放权，而不要搞权力专制。当然，在放权过程中要把握好“度”，过犹不及，物极必反。权力的集中与分散是相辅相成、相互制约的，绝对的集中和绝对的分散都会导向失败。总之，领导者在放权时，能放也要能收，要做到收放自如。

3. 人尽其才

领导者在用人时应该坚持“用人不疑，疑人不用”的原则，既然用了，就要对其绝对的信任，给予广阔的空间，人尽其才。也只有这样，人才才会绝对信任领导者，投桃报李，为领导者尽展其才华。成功的领导者大多都爱对下属说：“你们放手去干好了！”这既是一种鼓励，又是一种放权，因为他们非常明白：只有让手下放手施为，尽其所能，才能创造出更辉煌的成绩。

在当今企业界中，更多的领导者认识到了人尽其才的重要性，并用于实践，大多取得了良好的效果。

日本丰田汽车公司老板丰田喜一郎充分信赖销售专家神谷正太郎，让其不受任何约束地工作就是一个突出的典型。事实证明，丰田喜一郎是正确的。神谷正太郎无愧于一个销售天才，他为丰田汽车公司的飞速发展立下了汗马功劳，用尽了自己的聪明才智，对公司始终忠贞不二。

人尽其才的任人准则在此得到最充分的体现和证明。今天的领导者们应该加以借鉴和应用，以减少人才资源的浪费，同时促进企业或事业的良好发展。

4. 让下属能够按照自我意志工作

所谓能够按照自我意志工作，就是在没有一切外来的压制下，不被他人所强迫，可以根据自己的能力、按照自己的想法，做自己想做的事。

人能够按照自我意志做事时，就会有充实感、幸福感。被压制去工作，则工作是主人，人被工作所支配；而照自己的意志去做时，自己便是主人，由自己去支配事情，工作起来显然有意义多了。

在中小企业工作的年轻人座谈会上，他们表示："能够让我负起全部责任，并完全照自己的意思去做，使我觉得工作得很起劲，觉得很快乐、很有价值。"

再看看下面的比例：完全自由作主、随自己意思做事的人，有 90% 可以达到标准以上的成绩，感到只有一半自由的人达到标准以上的成绩占 40%，完全不能照自己的意思做事而能达到标准以上者，不过占 10% 而已。

下属能否按照自己的意志做事，取决于领导的管理方法。领导将所有细节都一一指点、老是强迫他人工作，他的下属就会感到有压力，想按照自己的意志做事便也不可能了。

5. 让下属畅所欲言

假如一名员工，无论对上司、同事，想说的话都能够自由随意地讲出，对工作能够随便发表意见、自由讨论，而且不管说了什么，都绝对不必担心有人会因此责备他，如此他便能很愉快地工作了。

在一场中小企业的座谈会上，有一名职员说："在我们公司里，假如有什么不满意或想说的事情，我们会直接跟经理讲，所以，在我们心中一点疙瘩也没有！"另一名职员也说："在我们公司，完全没有上司、下属，长辈、晚辈之分，可以自由地陈述自己的意见，他们能够参考我的意见，使我在此工作很有价值。”由此可知，无论何时，让你的员工能够自由、安心地发表意见，使他们有满足感和安全感之后，他们就不会觉得不满意了。

有一个以直接交谈的方式对300名年轻人进行的调查：“在你的工作场所，有没有感到不当的压力？”所得的结果如下：

未感觉到不当压力者111名；

稍感觉有不当压力者135名；

感觉压力十分强烈者54名。

其中，未感到不当压力的理由，可以列举下列三点：

（1）跟上司、同事可以自由交谈；

（2）倘若有不满之处，可以直接向上司陈述；

（3）自己可以自由自在地做事。

感觉有不当压力者，遇到不满意时能直接与上司讲的，仅仅不过6%而已。

从业绩方面调查，未感到有压力者，其中91%都能将自己的业绩做到标准以上。感到有压力者，能达到标准以上成绩的人，仅占10%而已。

然而，为了维护公司内部的秩序，必须要有种种的规定，这些规定都是必须遵守的事项，不能算是不当的压力，所以下属也不至于无理地认为这些规定是不当的。

能够自由地发言，可以减少心理上的压迫感，将心里想说的话全部说出，能有一种快感及释放感。

但是，在能够自由发言的团体里，也有不少下属的感觉和上司的推断不一致的情况。针对“在工作上，你能不能和上司自由地讨论？”这个问题，有96%的上司认为：“我能够跟下属自由讨论。”但是，他的下属却有 55% 的人回答："不能自由讨论。"关于这一点，上司的想法与下属的想法大相径庭，即上司还未了解下属真正的意向。

上司也是普通人，也是有感情和尊严的，虽然对于下属所说的，他也认为很对，但是有时遇到下属毫不保留地说出，上司有时会一时无法接受，有了这样一次经验，下属就会不敢再直言了，同时，他的工作热情也会随之消失。

能够对上司直言的下属，都是对于工作很热心、认真的，如果可使他们安心顺意，并形成能自由交谈的气氛和环境的时候，公司的事业自然显得朝气蓬勃。

6. 才尽其用

所谓扬其所长，就是指在用人行为中，领导者应尽力发掘被使用对象的长处，扬其"长"而抑其"短"，使其充分发挥自己的人才效能，做到以一当十，才尽其用。

用人用其长。古人曰："用人如器，各取所长。"

战国时的卫国是一个经常受到周围大国侵扰的小国。有一天，子思对卫侯说："苟变是一个能攻善战的人才，他可以统帅大军五百乘。"古时一乘战车有四十三人，步卒七十二人，五百乘是一支不小的队伍了。卫侯说："我早就知道苟变有统帅军队的才能，是一个不可多得的将军。可是你不知道，他从前做官时，曾在老百姓那里搜刮了两个鸡蛋吃，所以我不用他。"子思虽觉好笑，但仍委婉地对卫侯说："依我看，古往今来的贤明君主，他们选用人才好像木匠选木材一样，取其所长，弃其所短。几抱粗的橡木，是相当好的木料吧，中间可能有几尺已经腐坏，但是高明的木匠并不是把整根木材扔掉，而是选用其中好料部分。选用人也是这样。现在战国纷争，诸侯征战，非常需要有才干的人才。各国都在招贤纳士，卫侯您却因两个鸡蛋的问题而把一个能率领千军万马、能攻善守的将军丢弃不用，这样的事最好不要让邻国知道啊！”卫侯听了这番话，笑着对子思说：“我明白了，愿意接受你的指教！”

金无足赤，人无完人。十全十美的人在现实生活中很难找到。一般说来，识人之短容易，识人之长、能说人好话并非易事。作为领导者，就是要以求贤若渴的态度，对人才从大处着眼，从长处着眼，看人的本质、主体。松下幸之助说：“用人就是要用他的勇气，必须尽量发掘下属的优点。当然，发现了缺点之后，也应该马上纠正。以七分心血去发掘优点，用三分心思去挑剔缺点，就可以达到善用人才的目的。”

用人避其短。如果让诸葛亮这个善于运筹帷幄、具远见卓识和气魄的人去做决胜千里之外的将士，跨马扬刀，冲突于敌阵之中，显然是不可接受的。因为诸葛亮的专长就是出谋划策，而上阵杀敌只能是赵云、关羽、张飞之辈所为。相反，若把赵云、关羽、张飞三人放在诸葛亮的位置上，同样也是用人非用其长。

现代社会，专业分工日趋复杂，不要说古代的“通才”早已不存在，就是在某一领域也难以找到一位“万事通”，因此，对于领导者来说，最好的办法就是人尽其才，这就要求领导者能够对人才避短用长。

历史上那些明君贤臣和具有卓识远见之士，用人时都非常强调看主体、观本质，而不计较某方面的“过失”，这样就聚集了一大批各具特长的人在他们的身边，为他们事业的成功奠定了坚实的基础。